公路工程代建监理一体化项目实施手册

汪 群 吴文军 刘 安 编著

人民交通出版社股份有限公司
北 京

内 容 提 要

本书以赣皖界至婺源高速公路建设项目、国高德上线京台高速至G105段工程项目、海南中线高速公路项目、琼中至乐东高速公路代建监理实例等为依托，结合中国交通建设监理协会《代建+监理一体化操作指南》及国内其他高速公路采用代建监理一体化模式管理的经验成果，理论与实践相结合进行编写。全书共分6章，包含代建监理的定义及项目管理介入的界面划分、项目前期组织工作管理、施工各阶段的组织工作管理及项目运营移交管理等依据、方式、流程、措施等内容。

本书对代建监理一体化工作模式、职责等进行了较详细的阐述。可作为高速公路代建监理一体化管理模式实施参考用书，也可作为从事高速公路建设技术人员学习参考用书。该手册对于指导公路建设行业深化建设管理体制改革具有参考意义。

图书在版编目(CIP)数据

公路工程代建监理一体化项目实施手册/汪群,吴文军,刘安编著. —北京:人民交通出版社股份有限公司,2023.1

ISBN 978-7-114-18742-1

Ⅰ.①公… Ⅱ.①汪… ②吴… ③刘… Ⅲ.①道路施工—施工监理—手册 Ⅳ.①U415.1-62

中国国家版本馆CIP数据核字(2023)第067844号

Gonglu Gongcheng Daijian Jianli Yitihua Xiangmu Shishi Shouce

书　　名：	公路工程代建监理一体化项目实施手册
著 作 者：	汪　群　吴文军　刘　安
责任编辑：	岑　瑜　冀爱芳
责任校对：	赵媛媛　龙　雪
责任印制：	张　凯
出版发行：	人民交通出版社股份有限公司
地　　址：	(100011)北京市朝阳区安定门外外馆斜街3号
网　　址：	http://www.ccpcl.com.cn
销售电话：	(010)59757973
总 经 销：	人民交通出版社股份有限公司发行部
经　　销：	各地新华书店
印　　刷：	北京虎彩文化传播有限公司
开　　本：	787×1092　1/16
印　　张：	10.875
字　　数：	278千
版　　次：	2023年1月　第1版
印　　次：	2023年1月　第1次印刷
书　　号：	ISBN 978-7-114-18742-1
定　　价：	68.00元

(有印刷、装订质量问题的图书，由本公司负责调换)

前言

改革开放后,随着市场经济的不断成熟和发展,项目管理方式的不断演进,公路工程建设项目管理逐渐多元化。党的十八大之后,按照全面深化改革、推进全面依法治国、推进国家治理体系和治理能力现代化的总体要求,以完善市场机制、创新管理模式和政府监管方式、落实建设管理责任为重点,改革完善建设管理制度,建立与现代工程管理相适应的公路建设管理体系,为促进公路建设科学发展、安全发展提供制度保障,已成为当前公路工程建设领域迫切的需求。

2015年2月,交通运输部印发《交通运输部关于开展全面深化交通运输改革试点方案的通知》(交政研发〔2015〕26号)(以下简称《通知》),提出部署并开展公路建设管理体制改革探索。《通知》要求,"代建单位依据代建合同开展工作,履行合同规定的职权,承担相应的责任。鼓励代建单位统一负责项目建设管理工作和监理工作"。2015年7月1日施行的《公路建设项目代建管理办法》(以下简称《办法》)中明确了管理模式的基本要求,对公路工程项目实施代建制管理。《办法》的施行,促使公路工程项目管理专业化,有效控制工程质量、工程周期和工程造价,保证财政资金的使用效率。这对公路建设市场"代建+监理一体化"管理模式的开展提供了政策支撑。

公路建设"代建+监理一体化"管理模式是指专业化的项目管理单位代替项目法人负责建设管理任务,同时也承担项目工程监理的新型项目管理模式。该模式能整合项目管理职责,减少管理层级、推行专业化管理、提高管理效能和建设管理水平。"代建+监理一体化"管理模式具体包含策划管理、组织管理、进度管理、技术管理、质量管理、安全管理、环保管理、交竣工管理等主要内容。

本手册结合公路建设管理市场发展的需要,总结有代表性的"代建+监理一体化"管理经验,严格以国家法律法规、行业规章制度为依据,进一步研究"代建+监理一体化"管理模式的运行机制,推动公路工程"代建+监理一体化"模式的规范化、标准化,为公路工程"代建+监理一体化"项目实施提供参考。

鉴于作者水平,书中难免存在不足之处,敬请读者指正。

本书编写单位及编写人员如下:

主编单位:中咨公路工程监理咨询有限公司

参编单位:中国交通建设监理协会

江西交通咨询有限公司

华杰工程咨询有限公司

编写人员:汪 群、吴文军、刘 安、熊伟峰、侯剑飞、陶正文、熊小华、汪 怡、高会晋、彭耀军、桑雪兰、郑会康、张寿然、冯 勇、曹艳梅、张 涛、万先军、刘振丘、邵志超、张雄胜、阮明华、马荣华、熊宏伟、胡建平、余 维、董 磊

编审人员:李明华、程志虎、习明星、吕翠玲、袁静

作 者

2022 年 11 月

目 录

1 总则 ·· 1
　1.1 概述 ··· 1
　1.2 项目管理要求 ··· 2
　1.3 项目代建监理计划 ·· 3
　1.4 项目代建监理细则 ·· 3
　1.5 项目管理组织 ··· 4
2 工程项目前期工作管理 ··· 24
　2.1 工程项目前期主要工作内容及工作程序 ·· 24
　2.2 工程项目招标 ·· 25
　2.3 征地拆迁 ··· 27
3 工程项目施工准备阶段管理 ·· 29
　3.1 开工管理 ··· 29
　3.2 代建监理主要工作 ··· 30
4 工程项目施工阶段管理 ··· 37
　4.1 工程项目质量管理 ··· 37
　4.2 工程项目进度管理 ··· 79
　4.3 工程项目费用管理 ··· 92
　4.4 工程项目安全生产管理 ·· 97
　4.5 环境保护、水土保持管理 ··· 121
　4.6 工程项目合同事项管理 ·· 127
　4.7 信息与沟通管理 ·· 130
　4.8 工程项目档案与内页资料管理 ··· 137
　4.9 激励与约束 ··· 140
　4.10 工程项目党建及文化建设 ··· 149
5 验收与缺陷责任期阶段 ··· 153
　5.1 工程项目交工验收管理 ·· 153

— 1 —

 5.2 工程项目缺陷责任期管理 ·· 159
 5.3 工程项目竣工验收准备 ·· 161
6 运营移交管理 ·· 164
 6.1 档案移交 ·· 164
 6.2 工程项目移交 ·· 165
参考文献 ·· 167

1 总 则

1.1 概 述

1.1.1 定义

代建监理一体化(以下简称为"代建监理")是指受公路建设项目法人(以下简称"项目法人")委托,通过招标方式选择满足要求的专业化的项目管理单位,同时承担公路工程项目建设管理工作和施工监理工作的一种项目建设管理模式。

1.1.2 工作内容

(1)代建监理单位应按合同约定的范围履行项目管理职责,实现代建监理合同约定的项目管理目标,代建监理单位既要承担合同违约责任,还要承担相应的建设单位和监理单位的法律责任。

(2)如果代建监理单位不具备诸如机电工程、房建工程等配套工程监理能力的,可以将相关的服务事项依法采取购买服务的方式聘请专业监理企业来完成。

(3)项目法人自行或委托代建监理单位依法对项目的施工和材料设备采购进行招标,并签订合同。代建监理单位应依法对施工单位和材料设备供应单位进行管理。

(4)代建监理项目可实行全过程代建监理,也可实行从中间某一阶段介入至竣工验收后的项目实施过程代建监理。本手册所指的代建监理建设管理模式着重于项目实施代建监理工作内容及流程,对项目前期工作内容仅做简略介绍。因此,代建监理单位从初步设计文件批复后介入。

1.1.3 特点及适用范围

(1)代建监理作为提升专业化管理水平的项目建设管理模式,充分体现了项目管理专业化的本质要求,解决了临时组建的项目管理机构专业性不强、局部地区建设管理力量不足的问题,能够不断积累和传承建设经验;充分利用市场机制配置建设管理资源,促进人才和技术合理流动,解决投资建设规模波动导致的人才紧缺、人才安置等问题,并通过优胜劣汰,培育高水平代建监理单位。

(2)本手册适用于高速公路、一级公路及独立桥梁、隧道新建和改扩建工程项目。其他公路工程项目可参照执行。

1.1.4 资格条件

(1)代建监理单位应具有与项目相适应的项目管理能力和经验,包括但不限于:能够提出详细、先进、可行的项目管理方案,鼓励采用建筑信息模型等新型建设管理技术,提高代建项目管理水平。

(2)代建监理单位应具有与项目相适应的专业能力,包括但不限于:在提交的相关文件中应明确实际参与代建项目的首席责任人及其他主要专业责任人。

(3)代建监理单位应具有良好的资信水平,包括但不限于:代建监理单位和主要专业责任人近三年内无不良信用记录,未被当地政府主管部门划入代建监理单位(或监理企业)黑名单,能够提供足额担保。

(4)代建监理单位应符合《公路建设项目代建管理办法》(交通运输部令2015年第3号)第八条规定,并且具有与项目主体工程相适应的交通运输部颁发的公路工程监理企业资质。

1.1.5 选择方式

代建监理单位应由项目法人依法招标产生,应按《公路工程建设项目招标投标管理办法》(交通运输部令2015年第24号)执行,应符合国家相关法律法规及公路工程建设项目施工监理招标投标活动的有关规定。

1.1.6 费用计取

(1)代建监理建设管理模式的项目管理服务费主要由代建费用和工程监理费用两部分叠加而成。

(2)代建费用应按财政部《基本建设项目建设成本管理规定》(财建〔2016〕504号)或相应的代建监理招投标取费标准执行。

(3)工程监理费用应根据代建监理建设管理模式的需要对主体工程监理费、附属工程监理费、试验检测费在工程监理费中所占的比例进行合理划分。如在江西省宁安高速公路试点项目上的划分比例为:主体工程监理费占75%,附属工程监理费5%,试验检测费20%。

(4)相关服务事项费用可先按暂定价,以总概算批复为准。

1.1.7 认定程序

(1)拟实行委托代建的项目,项目法人在向交通运输主管部门报送设计文件时,应明确拟采用的建设管理模式(包括相应的监理选择方式),并提交相关的材料。

(2)初步设计文件上报时,应将代建监理建设管理模式实施方案一并上报,在初步设计批复文件中确定代建监理建设管理模式,明确代建监理单位选择方式,代建项目组织实施方式、合同计价方式和监督方式,项目法人法定责任的归属等内容。批复文件应当抄送同级财政、交通运输等有关主管部门。

1.2 项目管理要求

1.2.1 总体要求

(1)项目管理应遵循国家、交通运输部有关公路建设的法律法规,贯彻执行基本建设程序和四项基本制度。

(2)项目管理应按批准的施工图设计文件执行。

(3)项目管理目标要以代建监理合同为依据,目标设置要满足合同要求。

1.2.2 分项要求

(1)项目费用管理以保证工程投资不超过代建监理合同的约定,应保证资金合理有效使用。

(2)项目进度管理应保证在代建监理合同工期内完成项目代建任务。

(3)项目质量管理应保证工程质量符合代建监理合同约定的工程质量标准。

(4)项目生产管理应保证安全生产达到代建监理合同约定的标准。

(5)项目环境保护管理应保证工程施工符合环境保护的要求。

1.3 项目代建监理计划

项目代建监理计划由代建监理办公室主任主持编制,经代建监理单位审核后,报项目法人批准。项目代建监理计划内容见下表1-1。

项目代建监理计划内容　　　　表1-1

项　目	内　容
代建监理计划	1. 工程概况
	2. 工作依据、范围、内容和目标
	3. 代建监理组织形式、岗位职责、人员配备、进退场计划
	4. 项目工作制度、项目及代建监理程序、工作用表
	5. 工程质量、安全、环保、费用、进度等工作方案,明确巡视、旁站、抽检和验收等工作的具体计划要求
	6. 合同事项管理和信息管理工作方案
	7. 代建监理设施

1.4 项目代建监理细则

对技术复杂、专业性较强的分部分项工程,还应编制专项代建监理细则,并报代建监理办公室审批。控制过程中,代建监理细则应根据工程实际变化情况进行补充、修改。项目代建监理细则内容见下表1-2。

项目代建监理细则内容　　　　表1-2

项　目	内　容
代建监理细则内容	1. 工作内容和特点
	2. 代建监理工作流程
	3. 代建监理工作要点
	4. 代建监理工作方法和措施
	5. 巡视、旁站和抽检等计划

1.5 项目管理组织

1.5.1 一般规定

(1)代建监理组织机构,是完成项目的组织管理体系,是代建监理内部纵向各个层次工作群体,横向各个部门的设置及其关系的总和,是代建监理管理的框架体系,构成项目的基本形态。包含管理体系的三个部分:
①分工,即横向专业的部门划分。
②纵向等级系统,包括职责的层级系统和划分。
③协调机制,包括制度规则、沟通网络与程序等。
(2)代建监理组织机构的形式。
项目代建监理机构的组织形式是指项目代建监理机构具体采用的管理组织结构。应根据建设项目的特点、建设工程组织管理模式、项目法人委托的代建监理任务及代建监理单位自身情况而确定。常用的项目代建监理机构组织形式有以下几种:
1)直线式代建监理组织
优点:机构简单、权力集中、命令统一、职责分明、决策迅速、隶属关系明确。
缺点:要求总监理工程师业务能力综合全面。适用于规模小、可设置一级监理机构的项目。如图1-1所示。

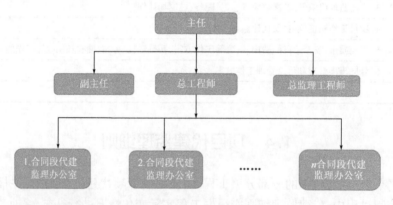

图1-1 直线式代建监理组织结构图

2)职能式代建监理组织
优点:目标控制的分工明确,各职能机构通过发挥专业管理能力提高管理效率。
缺点:容易出现多头领导,职能不清,主要适用于工程项目地理位置相对集中的工程项目。如图1-2所示。
3)直线职能式代建监理组织
优点:集中领导、职责分明、管理效率高、适用范围广。
缺点:职能部门与指挥部门容易产生矛盾,不利于信息情报传递。如图1-3所示。

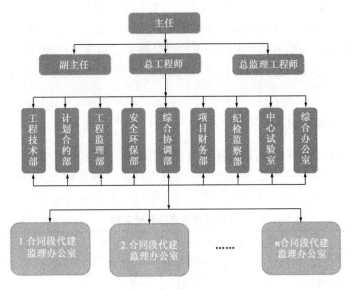

图 1-2 职能式代建监理组织结构图

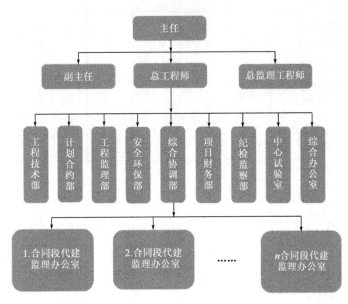

图 1-3 直线职能式代建监理组织结构图

1.5.2 机构设置

(1)代建监理单位现场组建项目管理机构,应依法按合同约定的权利,代表项目法人,对工程项目实施项目管理(参照《公路工程施工监理规范》(JTG G10)3.0.1条扩展。代建监理单位应书面授权委托项目管理机构负责人,并实行项目管理机构负责人全面负责制。

(2)项目管理机构应按照优质、精干、高效的原则设置。

(3)项目管理机构可参照工程规模、项目管理相关规范、合同及代建监理单位的情况而定,采用直线式、职能式、直线职能式,如采用直线职能式,可纵向分为3个层次。第一层次项目领导层次,设主任、副主任、总工程师、总监理工程师等领导职务;第二层次为职能部门,设置工程技术部、计划合约部、工程监理部、安全环保部、纪检监察部、项目财务部、综合协调部、中心试验室、综合办公室等部门(《关于进一步加强公路项目建设单位管理的若干意见》(交公路发〔2011〕438号)应设有计划、合同、技术、质量、安全、财务、纪检等职能部门);第三层次,设代建监理管理办公室。

1.5.3 机构职能划分

(1)在项目管理框架确定后,应将项目管理工作任务分配给项目管理机构各部门,形成各部门主要职责。项目管理工作任务应建立在项目管理规程的基础上,与项目管理规程描述的项目管理活动保持一致。项目管理机构各部门应履行的主要职责见表1-3。

项目管理工作任务分工表　　　　　　　　　　表1-3

任务编号	任务名称	工程技术部	计划合约部	工程监理部	安全环保部	综合协调部	项目财务部	纪检监察部	中心试验室
2	项目准备阶段								
2.1	项目招标		负责						
2.1.1	编写招标计划工作		负责						
2.1.2	编写招标方案	配合	负责						
2.1.3	编写招标文件		负责						
2.1.4	提供招标图纸和工程量清单	负责							
2.1.5	编制专用合同条款和技术规范	负责							
2.1.6	编制最高投标限价	负责							
2.1.7	发布招标公告		负责						
2.1.8	投标组织		负责						
2.1.9	定标组织		负责						
2.1.10	投标文件澄清		负责						
2.1.11	签订合同		负责						
2.2	征地拆迁					组织			
2.2.1	征地测量放线					组织			
2.2.2	实物量调查			配合		组织			
2.2.3	制订计划					组织			
2.2.4	合同谈判		配合			组织			
2.2.5	签订合同		配合			组织			
2.2.6	办理付款						负责		
2.2.7	用地移交					组织			
2.2.8	拆迁建筑物调查			配合		组织			

续上表

任务编号	任务名称	工程技术部	计划合约部	工程监理部	安全环保部	综合协调部	项目财务部	纪检监察部	中心试验室
2.2.9	确定拆迁方案	配合				组织			
2.2.10	拆迁合同执行监督		配合			组织			
2.2.11	项目图纸会审与联合复测	负责							
2.2.12	设计交底与交桩	负责							
2.2.13	原始地面线测定	负责							
2.2.14	现场核查	负责							
3	施工阶段								
3.1	项目开工管理		负责	配合					
3.1.1	施工许可申请		负责	配合					
3.1.2	下达开工通知书		负责	配合					
3.1.3	项目管理交底会		负责	配合					
3.1.4	审批施工组织设计	组织	配合	配合	配合				
3.1.5	核查开工条件	配合	配合	组织	配合	配合			
3.1.6	第一次工地例会			负责					
3.1.7	签发开工令			负责					
4.1	项目质量管理			负责					
4.1.1	质量问题处理			负责					
4.1.2	建立健全管理制度			负责					
4.1.3	施工组织质量内容审核			负责					
4.1.4	审批试验检测计划			负责					
4.1.5	检查质量保证体系			负责					
4.1.6	核查工地试验室			负责					
4.1.7	申请工程质量监督			负责					
4.1.8	工程质量责任登记			负责					
4.1.9	核查和平行复测原始基准点	负责		配合					
4.1.10	审核工程划分			负责					
4.1.11	重点桩位复测			负责					
4.1.12	事前审验材料								负责
4.1.13	审批分部工程开工			负责					
4.1.14	审批主要分项工程开工			负责					
4.1.15	工序控制			负责					

续上表

任务编号	任务名称	工程技术部	计划合约部	工程监理部	安全环保部	综合协调部	项目财务部	纪检监察部	中心试验室
4.1.16	审查施工测量放线和成果			负责					
4.1.17	巡视施工的主要工程			负责					
4.1.18	旁站项目工艺过程			负责					
4.1.19	主要工程关键项目检测见证			负责					
4.1.20	主要材料抽检			配合					负责
4.1.21	分项工程关键项目抽检			负责					负责
4.1.22	分项工程结构主要尺寸抽检			负责					
4.1.23	无破损检测								负责
4.1.24	工序验收			负责					
4.1.25	构配件验收			负责					配合
4.1.26	隐蔽工程质量验收			负责					
4.1.27	分项工程交工验收			负责					
4.1.28	分部工程质量检验评定			负责					配合
4.1.29	单位工程质量评定			负责					配合
4.1.30	管理人员岗前培训			负责					
4.1.31	业务技术交流	负责							
4.1.32	监督评价作业工人的培训考核	负责							
4.1.33	首件验收			负责					配合
4.1.34	工艺试验验证			负责					配合
4.1.35	大型临时设施建设管理			负责					
4.2	项目进度管理			负责					
4.2.1	进度问题管理	参与	参与	负责		参与			
4.2.2	编制控制性进度计划	负责		配合					
4.2.3	审批合同进度计划		负责	配合					
4.2.4	审批关键工程进度计划		负责	配合					
4.2.5	审批月进度计划			负责					
4.2.6	召开生产调度会			负责					
4.2.7	组织劳动竞赛		负责						
4.2.8	实际进度统计			负责					
4.2.9	月度进度监督评价			负责					
4.2.10	进度节点验收			负责					

续上表

任务编号	任务名称	工程技术部	计划合约部	工程监理部	安全环保部	综合协调部	项目财务部	纪检监察部	中心试验室
4.2.11	进度计划调整			负责					
4.3	费用管理								
4.3.1	项目费用管理		负责						
4.3.2	中间计量		负责						
4.3.3	期中支付		负责						
4.3.4	分项工程完工计量		负责						
4.3.5	交工支付		负责						
4.3.6	竣工结算		负责						
4.4	项目安全生产管理	参与	参与	参与	负责				
4.4.1	建立健全管理制度				负责				
4.4.2	施工组织安全内容审查				负责				
4.4.3	专项安全生产管理				负责				
4.4.4	风险评估				负责				
4.4.5	风险管理				负责				
4.4.6	教育培训	参与	参与	参与	负责	参与	参与	参与	参与
4.4.7	排查治理	参与	参与	参与	负责	参与	参与	参与	参与
4.4.8	费用使用		参与	参与	负责				
4.4.9	专项方案	参与	参与	参与	负责				参与
4.4.10	特种设备				负责				
4.4.11	应急管理				负责				
4.4.12	人员管理				参与				
4.4.13	事故报告	参与	参与	参与	负责				
4.4.14	隐患排查台账	参与	参与	参与	负责				
4.4.15	安全月报				负责				
4.4.16	安全检查影像				负责				
4.4.17	安全月度例会	参与	参与	参与	负责				
4.4.18	安全管理考核评价				负责				
4.4.19	分项工程交验事故验收销号				负责				
4.5	项目环境保护管理				负责				
4.5.1	审查环保措施			配合	负责				
4.5.2	环保检查			负责	参与				
4.5.3	树木、自然保护			负责					
4.5.4	环境监测				负责				

续上表

任务编号	任务名称	工程技术部	计划合约部	工程监理部	安全环保部	综合协调部	项目财务部	纪检监察部	中心试验室
4.6	项目合同管理								
4.6.1	审批分包		负责						
4.6.2	人员、设备核查		负责	配合					
4.6.3	停工/复工			负责					
4.6.4	违约处理		负责	负责					
4.6.5	工程变更	负责	参与	参与					
4.6.6	工程延期		负责	参与					
4.6.7	费用索赔		负责	参与					
4.6.8	价格调整		负责	参与					
4.6.9	争端处理			负责					
4.6.10	施工合同解除		负责						
5	验收与缺陷责任期阶段								
5.1	项目交工验收管理	负责							
5.1.1	竣工验收准备		负责	配合	配合				
5.1.2	交工验收申请	负责							
5.1.3	组织合同段交工验收	负责							
5.1.4	组织工程项目竣工验收	负责							
5.1.5	组织工程移交	负责							
5.2	项目缺陷责任期管理			负责					
5.2.1	确定缺陷责任期组织机构			负责					
5.2.2	编制缺陷责任期工作计划			负责					
5.2.3	工程缺陷调查和修复			负责					
5.2.4	组织工程缺陷调查			现场					
5.2.5	下发缺陷整改通知			负责					
5.2.6	审批缺陷修复计划			负责					
5.2.7	监督缺陷修复实施			负责					
5.2.8	缺陷修复完工验收			负责					
5.2.9	工程缺陷责任终止			负责					
5.2.10	签发责任终止证书			负责					

续上表

任务编号	任务名称	工程技术部	计划合约部	工程监理部	安全环保部	综合协调部	项目财务部	纪检监察部	中心试验室
5.3	项目竣工验收								
5.3.1	竣工验收准备	负责							
5.3.2	环保专项验收	负责							
5.3.3	水保专项验收	负责							
5.3.4	土地确权专项验收	负责							
5.3.5	涉航专项验收	负责							
5.3.6	安全专项验收	负责							
5.3.7	竣工结算报告编制、组织决算报告文件和审核报告编制	负责							
5.3.8	竣工验收准备	负责							
5.3.9	竣工验收申请	负责							
6	信息与沟通管理								
6.1	项目工地会议								
6.1.1	第一次工地会议								
6.1.2	工地例会								
6.1.3	专题会议								
6.2	项目报表								
6.2.1	施工月报						负责		
6.2.2	项目管理月报	配合	配合	配合	配合	配合	配合	配合	负责
6.2.3	现场管理月报						负责		
6.2.4	试验检测月报							负责	
6.3	项目档案								负责
6.3.1	工程档案	负责							
6.3.2	质量档案			负责					
6.3.3	计量支付档案		负责						
6.3.4	试验检测档案							负责	
6.3.5	安全环保档案				负责				
6.3.6	征地拆迁档案								负责
6.4	激励与约束								
6.4.1	项目风险资金管理		负责						

注：上表根据以往实施的项目进行归类划分，实施过程中，应根据人员的配备及项目特点，进行调整。

(2)工作任务分工完成后,应在决策、计划、执行检查等管理职能上对每项部门职责进一步分工,形成岗位职责。

1.5.4 机构工作职责

(1)机构工作职责,主要分为机构领导层的分工和职责,职能部门的工作界面划分、工作程序和职责,现场代建监理的管理工作职责。

(2)体现在以下内容:

①执行的标准。

②工作范围及内容。

③工作职责。

④工作程序。

(3)机构工作职责,根据项目的合同、规模及代建监理单位的情况确定。以下机构工作职责如表1-4所示(来自部分项目资料,供参考)。

机构工作职责 表1-4

编号	部门	主要职责
1	工程技术部	1.贯彻执行国家和行业有关技术规范、规程及标准。 2.负责日常工程管理工作,负责编制控制性进度计划。 3.主要工作内容: (1)配合编写招标文件; (2)提供招标图纸和工程量清单;负责编制项目专用合同条款和技术规范、编制最高投标限价; (3)配合确定拆迁方案;负责图纸会审与联合复测、设计交底与交桩、原始地面线测定; (4)组织审批施工组织设计;配合核查开工条件; (5)负责工程变更。 4.负责工程管理数据统计、汇总,编制项目简报。 5.负责组织日常工程管理相关会议,下达相关要求和指令。 6.负责项目信息化管理工作,加强业务技术交流。 7.负责工程项目的中间验收、完成项目交工验收管理工作
2	工程监理部	1.贯彻执行国家和行业有关技术规范、规程及标准。 2.组织建立质量保证体系,负责制订质量管理、试验检测及内业资料管理办法,并监督落实。 3.参与施工图审查、技术交底工作。 4.负责项目建设全过程质量管理、监理工作,以及项目进度管理。 5.负责中心试验室及工地试验室的管理与协调工作。 6.参与审核承包人关键工程的施工组织设计。 7.负责项目缺陷责任期管理,加强施工工艺管理,消除质量通病。 8.负责施工工艺、实体质量及进场原材料质量检查。 9.组织工程单位工程质量验收。 10.组织质量事故的处理及方案论证。 11.配合质量监督部门开展监督工作,并督促整改落实。 12.负责工程技术档案的检查与管理,组织竣工文件编制

续上表

编号	部门	主 要 职 责
3	计划合约部	1. 贯彻执行国家有关合同的法律、法规,严格执行项目合同文件。 2. 负责项目投资目标管理及费用控制。 3. 负责制订项目工程计量及变更管理办法。 4. 负责组织工程计量工作的审核及申报工作。 5. 负责设计变更造价审核、上报及文件归档。 6. 负责组织工程施工招标、合同谈判,以及合同的审核、签订和建档管理。 7. 负责工程项目合同管理及相关费用的核算与支付发起。 8. 配合政府相关部门对项目的审计工作。 9. 负责制订农民工工资管理办法,并监督执行。 10. 负责分包管理工作。 11. 检查施工单位的合同履约情况,参与施工单位信用评价。 12. 负责组织工程结算及编制工程竣工决算
4	安全环保部	1. 宣传、贯彻和执行国家、行业及施工所在地的安全环保方针、法律、法规、政策和制度。 2. 建立健全安全、环保保证体系,制订项目安全、环保管理制度。 3. 负责项目的安全、环保管理工作。 4. 组织重大隐患治理项目的评估、立项、申报及实施,并检查落实。 5. 组织开展安全、环保宣传活动,营造良好的安全生产和文明施工氛围。 6. 深入施工现场,掌握安全动态,对人、机、物、环境及自然的不安全行为和不安全动态,及时采取纠正和防范措施。 7. 检查各项安全管理制度的执行情况,对危险作业环节进行重点安全监督。 8. 针对政府监督部门提出的施工安全、环保意见,监督施工单位进行整改,并将整改意见和处理结果及时备案
5	综合协调部	1. 负责来往文书材料的收发、登记、呈阅、承办,负责项目办的档案管理,收集、整理、归档、保管项目办的所有文件、工程技术资料、合同等档案材料。 2. 负责会务工作,做好主任办公会议议题的收集、会议的准备、记录,整理形成会议纪要。 3. 负责项目办公章管理,严格履行审批手续,正确使用公章。 4. 负责资产的采购与管理,做好办公、生活设施的计划、购置、调配、登记等工作,建立固定资产台账。 5. 负责人力资源管理,做好人员借调、聘用、考勤、薪酬及绩效考核等工作,以及劳保用品、办公用品等的采办和配发。 6. 负责做好对外接待和后勤保障、环境卫生、食堂管理及水电系统的维护与管理等。 7. 负责机务管理,做好车辆和驾驶员管理、油耗及修理费登记、机务统计等工作。 8. 综合整理项目办的年度、季度工作总结和工作安排。 9. 负责项目办机关综合治理,做好安全保卫、消防等工作。 10. 负责本项目的宣传、报道工作。 11. 负责矛盾排查工作。 12. 负责项目农民工工资发放监督管理工作,按照合同对恶意拖欠农民工工资的承包人进行处理,督促承包人建立农民工工资档案资料。 13. 编制并报送项目建设用地征用计划,完成项目征地、拆迁任务。 14. 组织项目征地拆迁工作,协调项目建设环境。 15. 编制项目建设期间损坏地方道路的补偿标准、核算补偿费用,确定补偿方式。 16. 组织项目土地竣工验收

续上表

编号	部门	主 要 职 责
6	中心试验室	1. 熟悉并掌握合同文件及有关测量、试验规程,检查承包人的试验室、试验仪器、设备及试验人员资质情况;组织申请试验室临时资质。 2. 按照规定的频率独立开展监理的试验、检测工作,对所做的各种试验、检测结果负责;指导现场监管部完成日常试验抽检、试验见证工作。 3. 负责审批沥青混凝土下、中、上面层集料的料源、沥青混合料组成设计及各强度等级的混凝土配合比(包括相应外加剂)。 4. 组织用于本工程的成品、半成品材料的外委试验检测;按照项目办原材料"甲控"指导意见,组织"甲控"材料的评选。 5. 负责监督、指导承包人做好以分项工程为基本单元的试验检测资料,编制试验统计报表及建立分类台账;对中心试验室的各种质检、测量、试验资料进行归档、汇总,并保存相关的工程原始资料;参与编制监理竣工文件。 6. 负责中心试验室设备、仪器的维护、保养工作,使其处于良好的技术状态;随时检查承包人工地试验室的试验设备,保证其在规定精度下工作。 7. 负责审查工程计量的质量检测资料,并签署计量意见。 8. 组织工程中间交工验收工作。 9. 完成总监理工程师交办的其他工作
7	纪检监察部	1. 认真贯彻执行党的路线、方针、政策,国家法律、法规及地方和项目办重大决策,结合项目办党委的要求和建设任务特点,针对性地开展党风廉政教育和思想政治工作,切实增强党员及领导干部遵守执行党纪党规的自觉性,强化干部职工的法纪观念和廉政意识。 2. 负责开展效能监察工作。掌握项目办重大决策的贯彻落实情况;督促项目建设中的征地拆迁、招标投标、计量变更、质量管理、材料和设备采购、资金使用、农民工工资、竣工验收等程序和制度的落实。 3. 负责党风廉政建设工作。积极开展廉政教育活动,重点抓好项目办工作人员的时事政策、职业道德、反腐倡廉和遵纪守法等政治教育的组织实施工作,不定期进行督促、检查。 4. 受理并调查对从业单位及其工作人员和聘请的其他人员违反国家法律、法规及违反党纪、政纪、"双合同"的检举、告发,并根据有关规定提出处理意见。 5. 受理从业单位及其工作人员和聘请的其他人员不服行政处分的申诉,以及法律、法规、"双合同"规定的其他应由政治监察处受理的申诉。 6. 参与并监督项目招投标(包括标底编制、资格预审评审及开标、评标、定标和合同谈判)、施工过程、竣工验收、决算等工作并受理相关申诉;参与项目办办公设备、物资的采购活动;负责对从业单位发放农民工工资工作进行监督,按照相关合同对无故拖欠农民工工资的从业单位进行处罚。 7. 负责群众来信来访工作;整理监察工作档案资料
8	项目财务部	1. 贯彻执行《中华人民共和国会计法》和国家有关财经法规、政策,遵守国家财经纪律,对项目办、承包人财务经济活动实施会计监督。 2. 负责项目资金预算编制,合理筹措、调配资金,降低财务费用,提高资金使用效益。 3. 制订项目办的财务内部管理制度,建立和实施适应本项目的会计核算体系。 4. 制订项目资金监管办法,负责项目建设资金的使用监督,确保建设资金的专款专用。 5. 负责招标工作中有关财务方面的事项。 6. 负责本项目建安成本的核算,待摊支出等费用的归集。 7. 负责本项目工程款及费用的支付,严格控制建设成本。 8. 负责项目办的固定资产、低值易耗品的账务登记,协助有关部门做好财产清查工作。 9. 负责本项目财务资料的整理、归档和保管工作,办理财务竣工决算。 10. 负责协调银行、税务、审计等相关部门的关系,做好财政、税务、审计及上级机关等部门的迎检工作

续上表

编号	部门	主要职责
8	项目财务部	11.负责项目办日常会计核算工作,编制各类财务报表,正确、及时、完整地反映项目办的财务状况。 12.负责工程税收代扣代缴工作

1.5.5 机构管理制度

(1)机构应建立管理制度,机构管理制度应包括下列内容:
①规定工作内容、范围和工作程序、方式的规章制度;
②规定工作职责、职权和利益的界定及其关系的责任制度。
(2)应根据项目管理流程的特点,对机构管理制度进行总体策划。
(3)应根据项目管理范围确定机构管理制度,并形成文件。
(4)应建立相应的评估与改进机制,必要时,应变更机构管理制度并修改相关文件。
(5)机构管理制度如表1-5所示(来自部分项目资料,供参考)。

机构管理制度　　　　表1-5

编号	名称	主要内容
1	党风廉政制度	根据交通部《关于在交通基础设施建设中加强廉政建设的若干意见》及有关工程建设廉政建设的规定,为做好项目建设中的党风廉政建设,结合本项目的建设模式,为保证工程建设高效优质,保证建设资金的安全和有效使用,在建设管理过程中,设置廉政建设机构,采取有效措施,搞好廉政建设,具体措施有: 1.严格遵守党的政策规定和国家有关法律法规及交通运输部、地方的有关规定。 2.严格执行工程建设合同,自觉按合同办事。 3.坚持业务活动公开、公正、诚信、透明的原则,不损害国家和集体利益,不违反工程建设管理规章制度。 4.建立健全廉政制度,开展廉政教育,设立廉政告示牌,公布举报电话,监督并认证查处违法违纪行为。 5.严禁工作人员索要或接受施工单位礼金、有价证券和贵重物品,在施工单位报销任何不应报销的费用,参加施工单位安排的超规模的宴请,接受施工单位交通工具、通信工具和高档办公用品。 6.严禁工作人员以任何理由向施工单位推荐分包单位或者推销材料,安排个人施工队伍。 7.加强对管理人员的职能管理,警钟长鸣,防患于未然。 8.遵守和落实廉政建设方面的其他有关规定
2	代建监理工作制度	1.按照"守法、诚信、公正、科学"的准则执业,坚持"严格监理,优质服务、科学公正、廉洁自律"的监理原则,积极主动、勤奋刻苦、谦虚谨慎工作。 2.把好质量关,努力做到预防为主,事前监理,超前服务,事先检查。 3.按工程流程查验,做到标准化、规范化、程序化,自检不合格、资料不齐全不予抽检,上道工序不合格不得进行下道工序施工。 4.经检验不合格的工程项目,应向工程施工负责人指出不合格的具体部位和项目,要以数据说话,不得笼统处理。 5.对工程的质量、计量、验收等与施工单位意见不一致时,应及时逐级向上一级汇报,以便协调处理。

续上表

编号	名称	主 要 内 容
2	代建监理工作制度	6.对施工中发现的问题,及时下达书面指令,并按规定报送有关机构。 7.努力学习业务知识、技术规范、技术标准,全面熟悉设计图,认真记好监理日志,做好巡视记录、旁站记录,不断提高监理工作质量和水平。 8.平等待人、讲文明、讲礼貌,工作时间不饮酒
3	职业道德准则	1.恪守"守法、诚信、公正、科学"的执业准则。 2.树立服务意识,努力学习,不断提高业务素质,保证监理工作水平。 3.认真履行代建委托合同规定的权利和义务。 4.遵守交通建设工程市场管理办法,独立、客观、公正地开展工作。 5.及时贯彻执行工程建设的法律、法规、标准、规范。 6.不得收受被管理单位的礼金、礼品。 7.不得参加有碍公正执行业务的活动。 8.不得为所管理项目指定或介绍分包人、建筑材料、构配件、设备供应商。 9.不得弄虚作假,对于不合格的工程不得签认,不得隐瞒工程质量事故。 10.不得泄露所管辖工程各方认为需要保密的事项
4	代建监理人员行为准则	1.树立正确的监理指导思想,树立对党、国家、人民负责,为高速公路建设服务的思想,忠于职守。 2.加强职业道德修养,不断提高政治素质和业务水平。 3.严格执行《公路工程施工监理规范》(JTG G10)以下简称《监理规范》和项目公司颁发的有关办法、规定,督促、指导、帮助承包人按合同、技术规范和标准进行施工。 4.严格按照监理程序,以《监理规范》、合同文件、相关技术规范为准绳,严格监理,优质服务,做到"科学公正、廉洁自律"。 5.坚持团结、守法、求实、奋进的工作态度,深入工程一线,一切为工程着想,事项不得随意推诿不办;在规定的时间内检验施工单位人报验的工程项目,并将结果及时通知施工单位。 6.坚持挂牌上岗,不得擅自离岗;必须做好各种工作记录和日记。 7.不准收受施工单位的礼品、礼券、礼金和有价证券或接受施工单位的各种赞助和回扣。 8.不准参与施工单位各种经济活动和借工作之便向承包人推销各种材料、产品或介绍施工队伍。 9.不准参加施工单位组织的旅游和高消费的娱乐活动或接受承包人的宴请
5	八项原则	1.严格执行国家、部委制定的相关法律、法规、制度,工程项目建设中坚持"公平、公正、公开"的原则,做到依法管理、按章办事,保持严以律己、清正廉洁的工作作风。 2.发挥党支部先进模范作用,将勤政廉政建设作为支部建设的一项重要内容,定期召开民主生活会,开展批评和自我批评,组织党员干部学习党风廉政建设的理论、法规,进行党性、党风、党纪教育。 3.树立为人民服务的思想,坚持原则,遵纪守法,严于律己,认真履行职责,自觉接受各级纪委、监察、审计部门的检查、监督。 4.制订施工管理行为规范,建立个人廉政档案,签订廉政目标责任书,加强廉政机制的监督和管理。 5.发扬艰苦奋斗的工作作风,接待、开会、办事坚持勤俭节约,不铺张浪费的原则,严格执行财务管理规定,严守财经纪律,恪守财务法规,按规定使用经费,按规定报账。 6.坚持贯彻"公开透明、平等参与、充分竞争、有效监督"的工程招投标管理制度,严格履行公平、公开、公正的原则,在工程发包、材料采购中严格执行项目招投标制度,坚持打造招投标阳光工程。 7.不断改进工作作风,提高工作质量和效率,深入实际,调查研究,尽职尽责,及时完成各项工作任务。 8.结合党内民主生活会,职工政治学习,检查廉政建设情况,做到"自重、自省、自警、自勉"

续上表

编号	名称	主要内容
6	技术档案管理制度	建立健全项目技术档案，完整保存和科学地管理项目技术档案，充分发挥技术档案在项目建设和发展中的作用，更好地为项目各部门及参建各方服务。 1. 本项目技术档案是指各部门在技术活动中形成的应当归档保存的图纸、图表、文字材料、照片影像等技术资料，以及外来、外购的图纸、资料、图书等。 2. 按照集中统一管理技术档案的基本原则，工程技术资料由工程处负责妥善保管，监理资料由代建监理机构负责妥善保管。工程技术人员在工程管理及监理过程中应及时将工程技术资料收集、整理并交专人管理。 3. 全面准确地收集工程建设全过程中的有关技术资料，如：合同、图纸、文件、各类报表、声像材料等，做到应收不漏。 4. 技术资料应分门别类建档，做到字迹清楚、图面整洁、内容真实、准确。 5. 技术资料档案的调阅与归还必须做好登记工作，办理书面手续，以防遗失。 6. 做好技术档案资料的保密工作，外单位人员借阅时须经部门领导书面批准，方可办理技术资料借阅手续
7	公文管理制度	促进项目办公文处理工作规范化、制度化、科学化，提高公文处理工作的效率和公文质量，建立良好的工作秩序。 1. 文件办理 (1) 项目办实行网上办公，力求减少有纸化文件传送，减少行文，提高办事效率。公文均由项目办综合行政处统一收发。 (2) 按规定的程序办理文件。各处室以项目办名义上报下发的文件或发出的函件，发文程序如下：由主办处室承办人拟稿—处室领导审核(需会办的文件应由会办处室审核签字)—综合行政处文秘人员核稿(综合行政处长审核)—呈送项目办有关领导审阅签发—综合行政处文秘人员登记编号—打印—封发。 (3) 认真把好公文质量关。以项目办名义发出的公文，要进行认真审核。 (4) 及时办理文件。项目办各处室必须指定一位信息员在工作时间登录项目办管理系统并保持实时在线，以便及时查阅和传达本部门有关文件。各处室需办理的文件要及时办理，不得拖延积压。急件要优先办理。 (5) 根据上级的指示需要传达贯彻的公文，应将原文附在发文稿后面，作为审批公文时的依据，便于归档存查。 (6) 正确处理行文关系。各处室及所属单位原则上不得越级行文请示问题，如遇特殊情况必须越级行文时，应抄报越过的单位。 2. 文件收发、打印、复印 (1) 收取到的文件要及时登记，并注意保密。登记后及时交领导阅批。送各部门阅办的文件要及时送办和催办，并办理好签收手续。 (2) 需打印发出的公文资料，须经项目办领导签发，由综合处安排编号打印，由拟稿人负责校对。 (3) 打印文件，应力求做到标题醒目、格式符合要求、缮印清晰整洁。凡属急件，应优先安排，即送即打。 (4) 公文发出之前，应进行一次检查：文件格式是否符合要求，文字、发文日期是否有错漏，缮印是否清晰，正附件是否齐全，印章是否盖好。核对无错后，才能装订发出。发文时，要进行登记签收。 (5) 对确需复印的文件资料要及时复印，并由送印人员负责登记。 3. 文件保管、立卷、归档 (1) 项目办打字员负责文件分类存放保管工作。每月清理一次文件，分类立卷归档前，应对文件进行核对清理。 (2) 未经项目办领导同意，不得销毁任何文件。对没有存档价值和查阅必要的文件，经项目办领导审阅同意后，予以销毁。销毁前，进行登记；销毁时，要有人监销，以防丢失、漏洞。 (3) 借阅文件须办理借阅手续。借阅保密文件须经项目办领导同意，阅后及时归还

续上表

编号	名称	主 要 内 容
8	例会制度	会议制度是对合同工程进行全面监理的重要手段,监理会议制度执行得好,有利于协调各方的关系,促进各方履行合同的职责、权利和义务。监理例会按召开的时间、内容及参会人员的不同一般分为第一次工地会议、工地例会、专题会议、工地协调会等。 1. 工地会议 第一次工地会议应在工程正式开工前召开。 会议由总监理工程师主持。 代建监理应事先将会议议程及有关事项通知建设单位、施工单位及有关单位并做好准备。应邀请质量监督部门参加。 建设单位、代建监理单位、施工单位的授权代表必须出席会议,各方在工程项目中的主要管理人员也应参加会议。指定会议记录人员,会后将会议纪要分发各单位。 会议主要内容: (1)各方介绍各自的人员、组织机构、职责范围及联系方式。建设单位宣布对指挥、总监等授权,总监宣布对监理部工程师授权,施工单位提交对项目经理的授权书。 (2)施工单位陈述开工各项准备工作情况,监理工程师对其施工准备及安全、环保等要求进行评述。 (3)建设项目对工程占地、临时用地、临时道路、拆迁、工程支付担保情况及其他与开工条件有关的事项进项说明。 (4)监理工程师对主要监理程序、质量和安全事故报告程序、报表格式、函件往来程序、工地例会等进项说明。 (5)总监进行会议总结,明确施工准备工作还存在的主要问题及解决措施要求。 (6)具备开工条件的可下达工程开工令。 2. 工地例会 工地例会由总监理工程师主持,每月召开一次,建设项目、代建监理机构代表、施工单位项目经理、技术负责人及监理有关人员应参加。 会议内容:检查上次例会定事项的落实情况,并对工程质量、安全、环保、费用、进度及合同事项等情况进行交流讨论,提出解决问题的措施并确定下一步工作具体安排和要求。 3. 专题会议 专题会议由代建监理机构主持,根据工程管理需要按时召开,代建监理机构、施工单位代表及其他有关人员参加,必要时可邀请有关专家参加。 会议内容:针对工程技术、质量、安全、费用、进度及合同事项方面的重点、难点及需要协调的问题进行讨论,提出解决方案,形成意见。
9	施工图审核制度	1. 施工图必须经过严格审查后方可用于工程施工。 2. 代建监理工程部组织各专业工程技术人员进行图纸会审,并提出审查意见。 3. 施工单位应组织工程技术人员进行施工图纸全面复核,并将复核过程中发现的问题汇总并逐级呈报。监理工程师应逐个复核承包人发现的问题,提出自己的复核意见呈报代建监理工程部。 4. 代建监理工程部设专人进行图纸管理,负责办理图纸审查手续,施工单位也应做到责任到人,防止因图纸错漏未及时发现造成严重后果。 5. 设计交底前施工图要进行一次全面复核、审查,书面提出发现的问题。施工过程中,施工单位应做好图纸经常性的审查工作,每个分项工程开前,应对该分项的图纸做进一步审查,防止有明显失误,造成严重后果。 6. 施工图纸复核、审查内容如下: (1)审查总说明明显与规范、现场情况不相符的内容。 (2)复核位置、高程标示是否正确,是否与线路指标相符,各施工标段间线路是否连续。

续上表

编号	名称	主要内容
9	施工图审核制度	(3)复核结构尺寸是否合理,前后图纸是否出现矛盾,布置图、结构图、大样图之间是否相互吻合。 (4)复核图纸中图与注释说明是否出现矛盾。 (5)复核工程数量是否准确,特别是要复核大样图、结构图、布置图工程量与工程数量汇总表所对应的项目计算是否正确。 (6)复核图纸要求的工艺是否合理,与现实工艺和规范要求是否一致
10	代建监理人员安全生产管理规定	代建监理人员在做好施工安全监督管理的同时,必须注意自身安全,以预防为主,做到一岗双责,为做好此项工作,代建监理制订本规定,请全体人员遵照执行。 1. 所有代建监理人员必须签订安全责任书,为代建监理人员办理人身意外保险。 2. 定期进行安全教育,加强全体代建监理人员的安全意识。 3. 岗前不得喝酒。上工时必须带安全帽,不得穿拖鞋。 4. 高空作业检查按规定采取安全保护措施(如系安全带、穿防滑鞋等)。 5. 易燃物品附近不得吸烟,不得在工地随意丢烟头,不得滞留高压电附近。 6. 河道中施工,注意安全,防止落水。不得下河游泳。 7. 离开宿舍时应关闭电源;晚上离开办公室时应检查电器及门窗是否关闭。 8. 夜间在工地工作,注意携带照明工具。 9. 发现安全隐患及时报告相关人员
11	其他管理制度	上述制度,列出了部分通用制度,其他如财务管理制度、印章管理制度、考勤管理制度、物资管理规定、办公设备管理规定、办公用品管理规定、宿舍管理规定、食堂管理制度、车辆管理制度等根据各单位的文化、传统和项目特点制订相应的管理制度

1.5.6 人员配备

(1)机构人员配备按《关于进一步加强公路项目建设单位管理的若干意见》(交公路发〔2011〕438号)进行。

①管理人员:总人数视工程项目建设规模和专业技术要求确定,其中工程技术人员应不少于管理人员总数的65%,具有高、中级以上专业技术职称的人员应占工程技术人员总数的70%以上。

②人员资格:管理机构负责人及其关键岗位人员应具有良好的社会信用和职业道德,具备相应工程组织管理能力,严格执行国家有关法律和规定,熟悉、掌握公路建设规章、政策,且应符合招标文件的要求。

③机构负责人:应当在代建单位工作3年以上,且有10年以上的公路建设行业从业经验、高级以上专业技术职称,以及至少2个同类项目建设管理经历。

④技术负责人:熟悉、掌握公路工程技术标准、规范和规程,具有高级及以上专业技术职称,具备2个及以上高速公路项目的技术管理经历。

⑤财务负责人:熟悉、掌握财经法规和财务制度,具有中级及以上职称,具备1个及以上高速公路项目的财务管理经历。

⑥关键岗位人员:计划、合同、技术、质量、安全等部门负责人应具备相应岗位的专业技术

和任职资格,并分别具备1个及以上高速公路项目的建设管理经历。

⑦其他技术等级公路项目项目法人及其派驻工程现场的管理机构、管理人员及资格条件由省级交通运输主管部门根据本地区实际确定。

(2)项目管理人员的数量和专业结构,应根据项目管理内容、工程规模、合同工期和建设阶段等因素,按保证有效管理的原则确定。

(3)应对不同岗位提出相应的资历要求,各岗位的人员应满足相应的任职条件。

(4)高速公路可以基准配备为基数,根据项目管理内容、工程规模、合同工期和建设阶段等因素进行动态调整,基准配备如下:

①基准规模:双向四车道高速公路,路线长度大约为80km。建安费用大约为50亿元。施工高峰阶段人员基准配备总数为113人。

②项目管理机构领导岗位4人。其中主任1人,副主任1人,总工程师1人,总监理工程师1人。

③工程技术部2人,其中部长1人,助理1人,设计代表若干。

④计划合约部4人,其中部长1人,主管2人,助理1人。

⑤工程监理部4人,其中部长1人,主管2人,助理1人。

⑥安全环保部4人,其中部长1人,主管2人,助理1人。

⑦纪检监察部2人,其中部长1人,助理1人。

⑧项目财务部2人,其中部长1人,助理1人。

⑨综合协调部6人,其中部长1人,信息主管1人,征地拆迁主管2人,助理2人。

⑩现场代建监理机构18人,其中处长1人,主管1人,专业监理工程师4人,安全监理工程师1人,测量工程师1人,助理10人,按基准规模设立3个现场代建监理机构,总计54人。

⑪中心试验室31人,其中检测负责人1人,技术负责人1人,试验检测工程师6人,助理试验检测工程师22人,信息管理人员1人。

1.5.7 人员岗位职责

人员岗位职责应根据项目的合同、规模及代建监理单位的人员配置情况确定,可见表1-6所示(来自部分项目资料,供参考)。

代建监理人员岗位主要职责　　　　　　　　表1-6

序号	岗位	主　要　职　责
1	主任	1.贯彻执行国家的法律、法规、方针、政策和强制性标准,执行代建监理的管理制度,维护代建监理的合法权益。组织制订建设项目实施规划,确保各项工作的落实。 2.负责组建代建监理管理机构,主持代建监理的工作,对履行合同负责。 3.对项目实行全面的控制和管理,协助业主招投标、协助业主征地拆迁等协调工作,确保项目建设任务的顺利完成。 4.明确项目建设管理目标和各项要求,督促相关部门和单位落实项目计划。 5.制订项目资金使用计划,及时审核合同工程价款。 6.加强思想政治工作和精神文明建设,贯彻落实党风廉政建设

续上表

序号	岗位	主 要 职 责
2	副主任	1. 协助主任工作,并对主任负责。 2. 完成分管部门或其他工作。 3. 完成上级领导交办的其他工作
3	总工程师	1. 负责项目的工程技术管理工作、质量管理、进度管理,贯彻执行国家现行技术规范、规程及标准。 2. 负责对日常工作中遇到的重大技术问题的论证组织,组织审查重大施工方案并参与专项施工方案的审查。 3. 下达施工生产计划,掌握、检查、督促施工计划完成情况。 4. 组织对施工单位的各项考核工作。 5. 协助主任组织召开各项会议,督促会议决定事项的落实。 6. 全面落实和推进"品质工程"管理工作。 7. 负责项目设计的管理工作,主持设计变更相关会议,确定设计变更方案
4	总监理工程师	1. 协助主任工作,并对主任负责。 2. 负责工程监理工作,指导并督促全体监理人员做好"五控制、两管理、一协调"的工作。 3. 负责项目安全、环保、水保管理工作。 4. 组织编写代建监理工作计划。 5. 审批承包人提交的施工组织设计、总体进度计划、总体施工方案。 6. 负责承包人设备、人员履约检查,组织检查承包人技术、质量、安全、环保、水保管理等体系的建立及运行情况。 7. 签发工程开工令、合同段或单位工程的停工令及复工令。 8. 审核交工验收申请及工程质量评定结果。 9. 审核工程分包、设计变更以及工程延期和费用索赔
5	计划合约工程师	1. 负责代建所辖段合同管理、计量支付、计划统计报表等工作。 2. 全面熟悉合同文件、工程量清单、规范及设计图纸,按照合同文件和工作程序及时准确地做好计量支付和月进度报表工作。 3. 对合同条款中含糊或不清楚的地方进行解释,当施工合同条款(包括技术规范)有必要修改或补充时,协调好各方面的意见并准备补充条款,由项目指挥部审核。 4. 深入现场,随时掌握施工现场工料机动态和工程进展情况,做到数据真实,计算准确。 5. 审核承包人申报的支付证书,做到每项工程数量均有签认的检验单和工程数量计算表。 6. 负责督促承包人及时正确地呈报工程进度表,并保证及时完成审核和签认工作。 7. 负责收集汇总按时报送应报的记录、纪要和各种报告。 8. 参与单价变更的审查工作。 9. 完成上级领导交办的其他工作
6	安全工程师	1. 在单位工程开工前,检查承包人专项安全方案,审查承包人开工报告中的安全部分的内容。 2. 对安全情况定期检查、整改和记录,督促承包人落实安全保证措施,当出现安全隐患时,及时制止并纠正。 3. 对特殊工种上岗证及人员配备情况进行审核,要求做到人证相符,持证上岗。 4. 坚持巡视施工现场,一旦发现安全隐患应及时督促承包人立即整改,并再次复查。 5. 若承包人对安全隐患拒不整改或拒不暂停施工,应向项目指挥部、政府安全环保部等部门汇报。 6. 按时编制安全月报,呈报上级有关部门

续上表

序号	岗位	主 要 职 责
7	测量工程师	1.复核设计原始基准点、基准线和基准高程等资料,并按设计图纸复核承包人的施工放样。 2.参与设计交底、图纸会审,负责现场交桩工作。负责代建监理所辖合同段的控制测量及所有工程测量方面的监理工作。 3.检查承包人的测量仪器型号、人员配备情况及组织、管理规章制度,审查测量人员的上岗证和资格证。 4.督促承包人对施工放线中基准资料、转角点、水准点定期进行复测。 5.审核承包人的测量放线资料,复核承包人测量放线成果。 6.复核承包人的路基、路面、桥梁等的测量成果,发现问题及时上报监理工程师,重大问题上报代建监理机构。 7.做好测量日记,收集、整理、保管日常测量监理资料,建立台账。 8.负责保管、维护和定期鉴定代建监理测量仪器。 9.完成上级领导交办的其他工作
8	道路工程师	1.负责路基、路面、沿线排水防护设施等工程的监理工作。 2.审查承包人提交的开工报告和施工方案,负责试验路段的监理工作。 3.依据合同文件规定,对相关施工图进行审查。 4.查复核设计图纸和设计资料,对图纸和设计资料中所出现的误差进行详细审核,并将问题上报总监理工程师。 5.负责分项工程各工序中间检查和抽查检验。 6.对承包人提出的延期、索赔申请进行现场核查,搜集各类原始资料,提出处理意见。 7.审查进场材料的数量和质量,应符合合同规定和规范要求。 8.经常巡视工地,按工程施工进展情况组织和参与旁站监理。 9.负责所辖工程监理资料、记录、图表的整理归档工作。督促承包人完成规定的试验次数及抽检频率。 10.完成上级领导交办的其他工作
9	桥梁工程师	1.负责桥梁工程及所属排水工程、通道及预制构件等工程的施工监理工作。 2.审查、复核设计文件资料,及时发现图纸中的错误,并对不合理的设计提出建议,及时向代建监理反映。 3.审查承包人有关结构的施工工艺及施工方案。督促承包人和工程师助理完成规定频率的检查工作。审查分部、分项工程开工报告。 4.审查桥梁安全专项施工方案。 5.对承包人施工的桥梁工程进行检验,对工程质量进行确认或否决并承担责任。 6.对承包人提出的延期、索赔申请进行现场核查,搜集各类原始资料,提出处理意见。 7.经常巡视工地,对重要工序应组织和参与全过程旁站监督,详细检查施工的各部位环节,及时处理承包人施工中出现的问题,必要时向总监理工程师报告。 8.负责所辖工程施工监理资料、记录、图表的整理、归档工作。 9.完成上级领导交办的其他工作
10	机电工程师	1.负责编制本专业的监理实施细则。 2.负责本专业监理工作的具体实施。 3.组织、指导、检查和监督本专业监理员的工作,当人员需要调整时,向总监理工程师提出建议。 4.审查承包单位提交的涉及本专业的计划、方案、申请、变更,并向监理工程师提出报告。 5.负责本专业分项工程验收及隐蔽工程验收。 6.定期向总监理工程师提交本专业监理工作实际情况报告,对重大问题及时向总监理工程师汇报和请示。 7.根据本专业监理工作实施情况做好监理日记。

续上表

序号	岗位	主 要 职 责
10	机电工程师	8.负责本专业监理资料的收集、汇总及整理,做好监理日记,参与编写监理月报。 9.核查进场材料、设备、构配件的原始凭证、检测报告等质量证明文件及其质量情况,根据实际情况认为有必要时对进场材料、设备、构配件进行平行检验,合格时予以签认。 10.负责本专业的工程计量工作,审核工程计量的数据和原始凭证
11	绿化工程师	1.在总监理工程师的领导下,按相关规范要求负责本专业工程的监理工作,制订施工过程中的监理计划。 2.审查承包人提出的工程进度计划和施工组织计划,提出审查意见供总监审查时参考,并对计划的执行情况进行检查和监督。 3.核对设计图纸及设计资料,当发现图纸中高程、基线、位置尺寸等有遗漏或错误时,应及时予以改正,在施工过程中如发现设计图纸有局部不尽合理之处,应及时反映,根据工地实际情况会同设计代表,指示承包人作出处理。 4.在单项工程开工前,检查承包人的机械设备、人员、施工组织计划、施工工艺、工程用料等,提出是否同意开工的意见。 5.审批承包人提出的单项工程原始断面图、施工图、其他临时工程图及变更设计图,对工程变更应报告副总监。 6.审批承包人的检验申请单,对承包人施工的工程进行抽检,签认承包人提供的各种中间质检报告,签发一般工程项目、工序的中间交工证书。 7.在工程施工过程中,要经常深入工地,详细检查施工的各部位和环节,及时处理承包人施工中出现的问题,必要时要向总监报告。 8.审核承包人递交的有关资料,制订控制施工质量及施工进度的各种图表,管理好施工监理原始记录、技术档案。 9.当施工中发生涉及工程质量、工程延期和费用索赔等问题时应及时提出处理措施和意见供副总监处理时参考。 10.检查现场监理人员的工作,填写监理日志并检查现场监理人员的监理日志。 11.完成上级领导交办的其他工作
12	试验工程师	1.试验检测人员应精通业务、热情服务,工作认真负责、严格执法,秉公办事。 2.严格执行现场"见证取样"制度。 3.负责原材料、制品、试块和施工现场试样的随机抽样及收受工作。 4.严格按照有关规定,按批量抽取试样,使试样具有代表性,真实反映工程质量。 5.负责检查委托单内容填写是否正确、齐全、字迹清楚,核对试样编号。定期或不定期对现场原材料及试块随机抽样试验或复试。 6.检查收受的原材料样品是否符合要求,对外观有缺陷的试样应做好记录,对不符合要求的试样,有权拒收,并要求重新取样。 7.对所收受的试样妥善保存,有标养要求的,应及时送到标养室,并做好登记

2 工程项目前期工作管理

2.1 工程项目前期主要工作内容及工作程序

2.1.1 工程工程项目前期主要工作内容

工程项目前期工作复杂,涉及政策、经济计划、交通规划、民生、林业、土地、水利、环保、地矿、文物、防洪等诸多方面,工程项目组织、推进专业性很强。其主要工作内容列于表2-1。

项目前期主要工作内容　　　　　　　　　表2-1

序号	阶段	项目	完成内容	审核部门
1	第一阶段	预审选址	用地预审和选址意见书。社稳风险分析报告,社稳风险评估报告	交通运输厅、发改委
2	第二阶段	工可阶段	可行性研究报告	发改委
3	第三阶段	立项	项目立项批复	发改委
4	第四阶段	用地许可	建设用地规划许可证	审批局
5	第五阶段	初步设计	初步设计文件,地质勘探,各区县取土协议签订,初步设计安全评价,各区县通道协议,初步设计双院制咨询报告	设计院 交通运输厅
6			部门手续	
7	第六阶段	水利	水土保持方案编制	水利厅
8		环保	环评报告编制	环保厅
9		防洪	防洪评价报告编制、防洪专项设计报告	具备水利甲级资质部门、水利厅
10		地灾	地质灾害危险性评估报告,压覆矿产资源调查报告	产权单位、主管部门
11		林业	生物多样性评价论证报告,使用林地审核同意书	林业厅
12	第七阶段	招标	施工、监理招标	业主
13	第八阶段	施工图设计	施工图设计,安全评价,施工图双院制咨询报告,施工图设计委托审查会	设计院、交通运输厅
14	第九阶段	征地	征收土地公告,征收土地现状调查(航拍、勘界、清点、签认、核算),征收补偿安置方案,征收补偿安置公告,组织听证,征地补偿安置协议,土地征收社稳风险评估,建设用地复部批(项目用地申请书、农田用地转用方案、征收土地方案、补偿耕地方案、供地方案),征收土地公告,征收补偿	自然资源部

续上表

序号	阶段	项目	完成内容	审核部门
15	第十阶段	不动产权证	建设用地划拨决算书,项目建设用地图	相关主管部门
16	第十一阶段	建设用地规划许可证	项目立项批复,项目选址用地图	交通运输厅、发改委
17	第十二阶段	办理质量监督手续	施工、监理单位进场,办理质量监督手续	主管质量监督部门
18	第十三阶段	施工许可证	施工图设计文件批复,交通运输主管部门对建设资金落实情况的审计意见,国土资源部门关于征地或控制性用地的批复,施工及监理单位的名单,合同情况,应当报备的资格预审文件、招标文件和评审报告,已办理的质量监督手续报告,保证工程质量和安全措施的材料	建设行政主管部门

2.1.2 工程项目前期工作程序

工程项目工作程序及相互关系见下图(图2-1)。

2.2 工程项目招标

这里所述招标指的是代建监理单位依据法律、法规、规章和代建合同的规定范围,组织项目重要材料与设备购买、第三方检测服务与专项检测服务(如有)等的招标活动。

2.2.1 招标工作流程

(1)计划合约部负责编制招标工作计划上报主任审批。计划合同部根据审批的招标工作计划组织分项招标会议,确定招标单位事宜。

(2)招标单位确定后,计划合同部组织技术、监管部门进行招标文件编制会议,确定招标文件,然后进行招标文件报备,报备后进入招标工作。

2.2.2 招标工作内容

1)编写招标工作计划

应按照项目审批(或核准)部门确定的招标范围、投标方式、招标组织形式编写,在招标时间安排上应符合下列规定:每个招标周期的具体时间安排必须满足合法性、合规性。

应在主体工程招标结束后半年内,完成交安、房建、机电等附属工程的施工招标。

2)编写招标方案

书面招标方案应按规定报审。招标方案的编写处理满足合法性、合规性外,还应符合下列规定:

(1)应按照有利于施工管理,使施工单位能合理投入,并结合构造物、工程量等情况合理划分施工阶段。如江西高速公路项目一般按2亿元至4亿元的标的金额划分施工标段。

(2)机电工程标段应按系统划分,宜大不宜小。

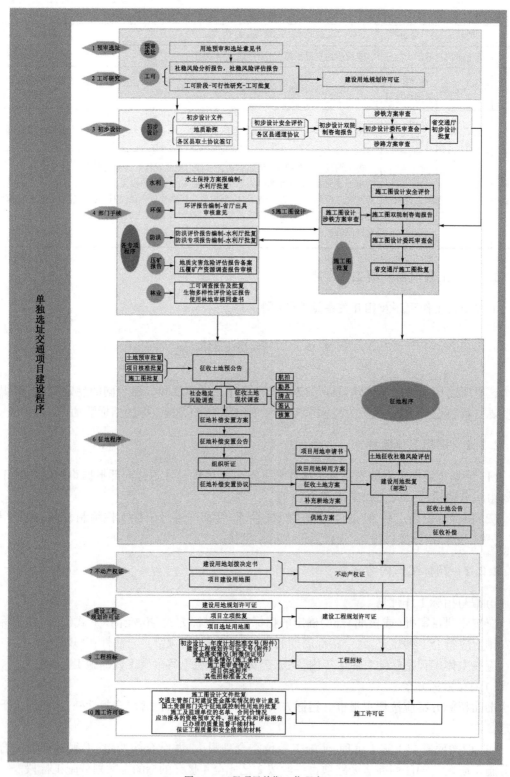

图 2-1 工程项目前期工作程序

(3)在编写投标方案时应系统策划整个项目的总工期,各个标段的总工期及各个标段的计划开工日期、计划完工日期、区段工期。

3)编制招标文件

书面招标文件应按规定报备。招标文件应按《公路工程标准施工招标文件》(2018年版)(简称《招标文件》)的规则编制。

(1)提供招标图纸和工程量清单。提供的招标图纸应为批发的施工图设计文件。

(2)编制项目专用合同条款和技术规范。项目专用合同条款和技术规范应按《招标文件》的规定编制,还应符合下列规定:

①施工招标要结合路基、桥隧、路面、房建、机电等工程特点和特殊技术要求,编制体现项目施工特点的招标文件。

②对SMA、ATB、OGFC面层结构施工,连续刚构桥梁施工等技术要求高、施工难度大的工程,不能照搬《招标文件》,而应根据项目特点编制有关条文。

(3)编制的最高投标限价应按规定报备,应根据工程特点、地材情况,参照类似项目中标价和物价水平,认真组织设计单位和造价咨询单位平行编制限价。

4)发布招标公告

招标公告必须在规定的媒体发布。

5)组织招标

组织招标是指发售招标文件、组织现场踏勘和标前会、澄清和答疑等。组织招标工作应符合法律法规及《招标文件》的规定。

6)组织评标与定标

组织评标与定标是指接受投标文件并开标、抽取专家、组建评标委员会、组织评标、审查评标报告、评标结果公示、协助处理投诉、定标、编写招标工作报告并报备,发中标通知书等。组织评标与定标工作应符合法律法规及《招标文件》的规定。

7)签订合同

签订合同应符合《招标文件》的规定,签订的合同应按规定报备。

2.3 征地拆迁

依据国家有关法律法规和当地政府有关规定,对项目永久或临时用地进行征用、租借、补偿;对永久用地范围内的植物、建筑物、其他设施等进行砍伐、拆迁、补偿等活动。

2.3.1 征拆工作流程

综合协调部的征拆协调小组制订征地拆迁计划、方案,报主任审批,审批后组织相关方参加征地拆迁会议,正式启动征地拆迁。

2.3.2 征拆工作内容

1)征地测量放线

施工图设计批复后,应立即组织安排,协助国土管理部门进行征地测量放线工作。

2) 实物量调查

征地测量放线结束后应立即开展实物量调查工作,详细绘制地类图、青苗图,并以此编制《征用土地一览表》《青苗赔偿一览表》。

3) 制订计划

计划包括征地计划和拆迁计划。征地计划又包括征地进度计划和资金使用计划,征地进度计划应依据合同进行计划编制,资金使用计划应依据征地进度计划、工地拆迁赔偿标准、实物量编制。拆迁计划包拆迁进度计划和资金使用计划,拆迁进度计划应依据合同进行计划编制,资金使用计划应依据拆迁进度计划、拆迁方案编制。征地拆迁计划是征地拆迁合同谈判的依据。

4) 合同谈判

以征地、拆迁计划为基准,与项目法人确定征地拆迁范围、赔偿费用、用地移交时间、交易方式等。

5) 签订合同

应根据合同谈判中达成的一致意见,并按国土管理部门要求的格式起草合同,经双方确认后签订合同;同时,应建立征地拆迁合同台账。

6) 办理付款

按合同规定及时办理付款。

7) 用地移交

合同双方应签署移交书,明确移交时间,施工单位接受移交的用地,对照用地范围核实确认。

8) 拆迁建筑物调查

征地测量放线结束后立即调查拆迁建筑物的工程数量,详细绘制拆迁物位置示意图,编制《拆迁建筑物一览表》《拆迁电力及电信设备一览表》《其他附属物拆迁拆迁物一览表》。

9) 确定拆迁方案

拆迁建筑物调查结束后应立即与项目法人沟通制订拆迁方案,包括拆迁设计图和拆迁预算。

10) 拆迁合同执行监督

应定期对拆迁合同执行情况进行监督,发现问题督促整改。

11) 征地拆迁专项审计

全过程跟踪审计单独委托,增加征地拆迁类评估单位、专项审计单位、专项设计单位。代建做好组织、配合工作。

3 工程项目施工准备阶段管理

3.1 开工管理

开工管理是指为了制订最佳的施工组织设计和落实工地建设标准化,对施工单位自下达开工通知书至签发开工令期间的施工准备工作进行的计划、组织、控制、验收活动。其工作内容见表3-1。

开工管理工作内容　　　　　　　　　　　表3-1

项目	代建监理机构	承 包 人
进场	签订代建监理合同	承包合同签订
进场	代建监理机构成立,办公、生活、交通、试验设备进场	承包人现场管理机构成立、主要人员确定及设备进场计划审批
进场	各部门主要人员到岗并进行岗前培训	完成进场三级教育及岗前培训,特殊工种持证上岗
前期	编写代建监理计划、监理细则	编写总体施工组织设计、总体进度计划审批和总体试验检测计划
前期	完成项目风险评估报告	完成施工项目风险评估报告
前期	完成工程质量登记	完成工程质量登记
前期	协助完成施工许可证及水上施工许可	办理施工许可证及水上施工许可
前期	安排设计交底及进行交桩、施工图纸审核	完成设计交底及协助代建监理进行交桩、施工图纸审核
审查	审批、验收"三集中"、办公、生活临建及试验室	上报方案、建设、验收"三集中"、办公、生活临建及试验室
审查	审查施工组织设计,在规定的期限内批复	承包人上报施工组织设计
审查	审核施工单位提交的单位、分部、分项工程划分(报)	提交单位、分部、分项工程划分
审查	审查总体施工进度计划,在规定的期限内批复(报)	提交总体施工进度计划
检查	设定组织机构及质保体系	完成组织架构及质保体系
检查	初审工程质量责任登记表; 检查施工单位的保证体系建立情况	完善工程质量责任登记表,建立健全技术、质量、安全和环保等保证体系
检查	核查施工单位工地试验室的人员、仪器设备和试验检测能力是否满足施工合同要求及工程施工管理需要,管理制度是否健全	建立、完善试验室建设及配备
预付款	按施工合同约定的金额签署开工预付款支付证书,报项目法人审批	施工单位完成施工准备,提交开工预付款担保

续上表

项目	代建监理机构	承包人
交底	召开施工及主要监理人员等参加的监理交底会,介绍监理计划的相关内容	项目经理和技术、质量、安全负责人,工地试验室负责人,其他主要管理人员参加
第一次工地会议	总监应主持召开第一次工地会议	建设、施工及其他单位,建设、施工单位法定代表人或授权代表应出席
开工令	核查开工条件进行核查,具备开工条件的,总监签发开工令,并报项目法人	施工单位提交合同段开工申请

3.2 代建监理主要工作

3.2.1 施工许可申请

施工许可申请应符合项目所在地行政主管部门的规定。申请公路工程质量监督手续及办理程序如下:

办理依据:《公路建设监督管理办法》(交通部令2006)。

申请材料及条件:申请人办理工程质量监督手续,应向质量监督机构提交申请书并提供以下材料:

(1)工程项目概况。

(2)工程项目基本建设程序审批文件。

(3)工程项目设计文件。

(4)工程项目招标文件。

(5)工程项目设计、施工、监理等合同文件。

(6)工程项目参建单位及主要人员资质证明材料。

(7)施工、监理单位质量保证体系(包括质量管理组织机构、职责、责任人等;工地试验室的设备仪器清单及试验检测人员名单等材料申请人需以公文形式提交《公路工程质量监督申请书》原件二份,并附电子版;其他材料一份,复印件应同时提供原件备查。

3.2.2 项目图纸会审与联合复测

(1)为了避免施工设计文件的错、漏、碰、缺等问题的发生。在施工单位进场后,在合同段正式开工前组织图纸会审和联合复测等活动。工程技术部组织召开设计交底会后实施现场设计交底和交桩。工程技术部组织召开图纸会审会后进行图纸会审,将图纸会审结果报项目法人,并抄报行业主管部门。工程技术部组织召开测量专题会后实施联合复测、原始地面线测量等工作。

(2)设计交底与交桩。在施工合同签订后,应及时组织召开设计交底会,由勘察设计单位向主要参建方进行设计交底和交桩,并形成会议纪要。勘察设计单位应提供书面设计交底与交桩资料,并在现场进行设计交底和交桩。

(3)图纸会审。在设计交底结束后,应及时组织图纸会审,由设计、施工、代建监理单位相关部门结合施工工艺、工法要求对施工图纸进行核查,并提出核查意见,对核查出的问题协商拟定解决方案,形成会议纪要。会议纪要作为设计变更及施工的依据。

(4)联合复测。在设计交桩结束后,代建监理单位相关部门应及时组织施工单位对施工控制测量网进行联合复测,双方独立出具复测意见。当双方复测结果一致或满足规范要求时,施工单位的复测结果方可使用,否则应查找原因或重新复测。

(5)原始地面线测定。测定地面线包括中桩放线、测定中线、测定横断面线。在联合复测结束后,并及时组织和监督施工单位在原地面线未被扰动前测定地面线。并对其测定结果进行必要的抽测,对发现的问题督促改正,出具原始地面线测定报告和监督报告。测定报告作为工程量计算和现场核查的依据。

(6)现场核查。在原始地面线测定后,代建监理单位相关部门应及时组织设计、施工单位对施工图设计进行现场核查,重点核查现场实际地质、水文、地形及地物的符合度,桥涵、隧道、防护工程等构造物的具体位置、洞门形式、高程及坡度等,对核查出的问题协商拟定解决方案,并出具现场核查报告。现场核查报告作为设计变更的依据。

3.2.3 施工准备工作

1)工程项目代建监理施工组织设计审查

代建监理单位应对施工单位审报的施工组织设计进行审查,并在规定的期限内批复。审查内容见表 3-2。

施工组织设计审查内容　　　　　　　　　　表 3-2

项目	主 要 内 容
施工组织设计审查内容	1. 施工组织设计的编审程序。 2. 质量、安全、环保、进度和费用等目标。 3. 技术、质量、安全和环保等保证体系。 4. 安全技术措施、专项施工方案和施工现场临时用电方案。 5. 桥梁和隧道施工安全风险评估的工程项目清单。 6. 施工人员、资金、主要材料和机械设备等资源供应计划。 7. 施工总平面布置、交通导改方案、事故应急救援预案。

注:参照《公路工程施工监理规范》(JTG G10—2016)4.2.1条。

2)单位分部分项工程划分

代建监理单位应对施工单位提交的单位、分部、分项工程划分进行审核。工程划分及审查内容分别见表 3-3 和表 3-4。

一般建设项目的工程划分　　　　　　　　　　表 3-3

单位工程	分 部 工 程	分 项 工 程
路基工程 (每10km或每标段)	路基土石方工程*① (1~3km 路段)②	土方路基*,石方路基*,软土地基*,土工合成材料处治层*等
	排水工程(1~3km 路段)	管节预制,管道基础及管道安装*,检查(雨水)井砌筑*,土沟、浆砌排水沟*,盲沟,跌水,急流槽*,水簸箕,排水泵站等

续上表

单位工程	分部工程	分项工程
路基工程 (每10km或 每标段)	小桥及符合小桥标准的通道*,人行天桥,渡槽(每座)	基础及下部构造*、上部构造预制、安装或浇筑*、桥面*、栏杆,人行道等
	涵洞、通道(1~3km路段)	基础及下部构造*,主要构件预制、安装或浇筑*,填土等
	砌筑防护工程(1~3km路段)	挡土墙*,墙背填土,抗滑桩*,锚喷防护*,锥、护坡,导流工程,石笼防护等
	大型挡土墙*、组合式挡土墙*(每处)	基础*,墙身*,墙背填土,构件预制*,构件安装*,筋带、锚杆、拉杆,总体*等
路面工程 (每10km或 每标段)	路面工程(1~3km路段)*	底基层,基层*,面层*,垫层,联结层,路缘石,人行道,路肩,路面边缘排水系统等
桥梁工程③ (特大、 大中桥)	基础及下部构造*(每桥或每墩、台)	扩大基础,桩基*,地下连续墙*,承台,沉井*,桩的制作*,钢筋加工安装及安装,墩台身(砌体)浇筑*,墩台身安装,墩台帽*,组合桥台*,台背填土,支座垫石和挡块等
	上部构造预制和安装*	主要构件预制*,其他构件预制,钢筋加工及安装,预应力筋的加工和张拉*,梁板安装,悬臂拼装,顶推施工梁*,拱圈节段预制,拱的安装,转体施工拱*,劲性骨架拱肋安装*,钢管拱肋制作*,钢管拱肋安装*,吊杆制作和安装*,钢梁制作*,钢梁安装,钢梁防护*等
	上部构造现场浇筑*	钢筋加工及安装,预应力筋的加工和张拉*,主要构件浇筑*,其他构件浇筑,悬臂浇筑*,劲性骨架混凝土*,钢管混凝土拱*等
	总体、桥面系和附属工程	桥梁总体*,桥面防水层施工,桥面铺装*,钢桥面铺装*,支座安装,搭板,伸缩缝安装,大型伸缩缝安装*,栏杆安装,混凝土护栏,人行道铺设,灯柱安装等
	防护工程	护坡,护岸*④,导流工程*,石笼防护,砌石工程等
	引道工程	路基*,路面*,挡土墙*,小桥*,涵洞*,护栏等
互通立交 工程	桥梁工程*(每座)	桥梁总体,基础及下部构造*,上部构造预制、安装或浇筑*,支座安装,支座垫石,桥面铺装*,护栏,人行道等
	主线路基路面工程*(1~3km路段)	见路基、路面等分项工程
	匝道工程(每条)	路基*,路面*,通道*,护坡,挡土墙*,护栏等
隧道工程	总体	隧道总体*等
	明洞	明洞浇筑,明洞防水层,明洞回填*等
	洞口工程	洞口开挖,洞口边仰坡防护,洞门和翼墙的浇(砌)筑*,截水沟,洞口排水沟等
	洞身开挖	洞身开挖*,(分段)等
	洞身衬砌	(钢纤维)喷射混凝土支护,锚杆支护,钢筋网支护,仰拱,混凝土衬砌*,钢支撑,衬砌钢筋等

续上表

单位工程	分部工程	分项工程
隧道工程	防排水	防水层,止水带,排水沟等
	隧道路面	基层*,面层*,等
	装饰	装饰工程
	辅助施工措施	超前锚杆,超前小导管等
环保工程	声屏障(每处)	声屏障
	绿化工程(1~3km 路段或每处)	中央分隔带绿化,路侧绿化,互通立交绿化,服务区绿化,取弃土场绿化等
交通安全设施(每20km或每路段)标段)	标志*(5~10km 路段)	标志*
	标线、突起路标(5~10km 路段)	标线*,突起路标等
	护栏*、轮廓标(5~10)km	波形梁护栏*,缆索护栏*,混凝土护栏*,轮廓标等
	防眩设施(5~10km 路段)	防眩板、网等
	隔离栅、防落网(5~10km 路段)	隔离栅、防落网等
机电工程	监控设施	车辆检测器,气象检测器,闭路电视监视系统,可变标志,光电缆线路,监控(分)中心设备安装及软件调测,大屏幕投影系统,地图板,计算机监控软件与网络等
	通信设施	通信管道与光电缆线路,光纤数字传输系统,数字程控交换系统,紧急电话系统,无线移动通信系统,通信电源等
	收费设施	入口车道设备,出口车道设备,收费站设备及软件,收费中心设备及软件,IC卡及发卡编码系统,闭路电视监视系统,内部有线对讲及紧急报警系统,收费站内光、电缆及塑料管道,收费系统计算机网络等
	低压配电设施	中心(站)内低压配电设备,外场设备电力电缆线路等
	照明设施	照明设施
	隧道机电设施	车辆检测器,气象检测器,闭路电视监视系统,紧急电话系统,环境检测设备,报警与诱导设施,可变标志,通风设施,照明设施,消防设施,本地控制器,隧道监控中心计算机控制系统,隧道监控中心计算机网络,低压供配电等
房屋建筑工程	(按其专业工程质量检验评定标准评定)	

注:①表内标注*号者为主要工程,评分时给以2的权值;不带*号者为一般工程,权值为1。
②按路段长度划分的分部工程,高速公路、一级公路宜取低值,二级及二级以下公路可取高值。
③斜拉桥和悬索桥可参照《公路工程质量检验评定标准》(JTG F80/1—2017)(以下简称《评定标准》)附表 A-2 进行划分。
④护岸参照挡土墙进行划分。

特大斜拉桥和悬索桥为主体建设项目的工程划分　　　　表 3-4

单位工程	分部工程	分项工程
	塔基础*	钢筋加工及安装,扩大基础,桩基*,地下连续墙*,沉井*等
	塔承台*	钢筋加工及安装,双壁钢围堰,封底,承台浇筑*,等
	索塔*	钢筋加工及安装,预应力加工和张拉、压浆,索塔*,索塔钢锚箱制作、安装,支座垫石和挡块等
	辅助墩	钢筋加工及安装,预应力加工和张拉、压浆,基础,墩台身浇筑,墩台身安装,墩台帽,盖梁,支座垫石和挡块等
	过渡墩	
锚碇	锚碇基础*	钢筋加工及安装,扩大基础,桩基*,地下连续墙*,沉井*,大体积混凝土构件*等
	锚体*	锚固体系制作*,锚固体系安装*,锚碇块体,预应力锚索的张拉与压浆*等
上部结构制作与防护（钢结构）	斜拉索*	斜拉索制作与防护*
	主缆(索股)*	索股和锚头的制作与防护*
	索鞍*	主索鞍和散索鞍制作与防护*
	索夹	索夹制作与防护
	吊索	吊索和锚头制作与防护*等
	加劲梁*	加劲梁段制作*,加劲梁防护,等
上部结构浇筑与安装	悬浇*	梁段浇筑*
	安装*	加劲梁安装*,索鞍安装*,主缆架设*,索夹和吊索安装*等
	工地防护*	工地防护*
	桥面系及附属工程	桥面防水层的施工,桥面铺装,钢桥面板上防水黏结层的洒布,钢桥面板上沥青混凝土铺装*,支座安装*,抗风支座安装,伸缩缝安装,人行道铺设,栏杆安装,防撞护栏等
	桥梁总体	桥梁总体*
引桥		(参见《评定标准》附表 A-1"桥梁工程")
引道		(参见《评定标准》附表 A-1"路基工程"和"路面工程")
互通立交工程		(参见《评定标准》附表 A-1"互通立交工程")
交通安全设施		(参见《评定标准》附表 A-1"交通安全设施")

3)质量责任登记审核

代建监理单位应对施工单位填写的工程质量登记表进行审核。

4)开工条件核查

开工条件检查内容见表 3-5。

开工条件检查内容　　　　表 3-5

项　目	内　容
开工条件检查内容	1.承包合同签订。 2.承包人现场管理机构成立及保证体系。 3.主要人员及设备进场计划审批。 4.核查征地拆迁的完成情况。

续上表

项 目	内 容
开工条件 检查内容	5. 核查施工许可、质量安全监督的办理情况。 6. 设计交底及交桩、核查图纸会审、联合复测的完成情况。 7. 施工人员岗前培训,特殊工种持证上岗。 8. 总体施工组织设计、分部分项工程划分、总体进度计划审批、总体试验检测计划上报及审核。 9. 技术、质量、安全、环保及进度管理体系上报及建立。 10. 临建方案上报审批、临建工程验收,包括项目经理部验收、混凝土拌合站验收、钢筋加工车间等验收。 11. 工地试验室核备,包括试验室建设、设备安装标定、人员配备、制度建立。 12. 项目安全、环保、职业健康管理体系建立、保证措施和应急预案。 13. 完成项目安全风险评估报告

注:《公路工程施工监理规范》(JTG G10—2016)4条。

5)项目进度、资金使用计划编制

《公路建设项目代建管理办法》(交通运输部令2015年第3号)第十九条要求:"拟定项目进度计划、资金使用计划、工程质量和安全保障措施等,并报经项目法人同意"。

(1)准备工作期间,进度计划主要为总体进度控制计划的编制,包含以下内容:

①依据合同要求的工期目标,确定开工时间及交工验收时间。

②依据总工期,确定有效的施工时间,划分主要控制阶段和节点。

③依据施工及当地的气候特点,确定每年的工作完成量,确保最终工期实现总目标。

④根据节点划分及时段完成的工程量,确定投入的资金及设备。

(2)依据拟定的总体控制计划,编制分阶段资金需求计划。

上述项目进度计划、资金使用计划报业主,经项目法人同意,作为审核评估施工单位进度计划及资金计划的依据。

6)质量、安全保障措施制订

代建监理项目建设控制目标中,质量、安全是主要目标,项目建设质量、安全监理控制体系和保障措施,分为代建监理质量、安全控制体系和保障措施,承包人质量、安全控制体系和保障措施。其内容详见"4 工程项目施工阶段管理4.1及4.4"。

7)召开项目管理交底会

在第一次工地会议召开之前,应组织各方主要人员召开代建监理项目管理交底会,介绍项目管理计划的相关内容,对疑问进行澄清,并形成会议纪要,作为管理计划进一步的补充和说明。

8)召开第一次工地会议

开工条件核查结束后,应及时召开第一次工地会议。会议组织和内容见表3-6。

第一次工地会议组织及内容　　　表3-6

项 目	内 容
组织	1. 会议应在工程正式开工前召开。 2. 会议由代建监理主任主持。 3. 代建监理应事先将会议议程及有关事项通知项目法人、施工单位及其他有关单位并做好会议准备。宜邀请工程质量监督部门参加。 4. 项目法人、施工单位法定代表人或授权代表应出席。各方在工程项目中的主要管理、技术人员等必须参加

续上表

项 目	内 容
内容	1. 各方应介绍人员、组织机构、职责范围及联系方式。项目法人应宣布对总监的授权,施工单位应提交对项目经理的授权。 2. 施工单位应陈述开工的各项准备工作情况。 3. 代建监理机构应说明代建监理工作准备情况。 4. 监理工程师应说明主要监理程序、质量和安全事故报告程序、文件往来程序和工地例会等要求。 5. 项目法人应说明工程占地、拆迁等与开工条件有关的事项。 6. 代建监理主任应进行会议总结,明确施工准备工作存在的主要问题和解决措施要求。 7. 具备开工条件的可以下达工程开工令

注:参照《公路工程施工监理规范》(JTG G10—2016)8 条。

9)签发开工令

应按合同规定的时间下达开工通知书,确认合同工期起算日。第一次工地会议宣布开工的,依据第一次工地会议纪要,总监理工程师及时签发开工令。

4 工程项目施工阶段管理

4.1 工程项目质量管理

4.1.1 质量管理基本知识

1)质量管理的概念

工程项目的质量包括建筑产品实体质量和服务质量。交通工程建设质量包含工程质量和工作质量。工程质量是实体质量符合质量规范、标准及合同文件的要求,包括工程的安全、使用功能、耐久性、环境保护等,工作质量是施工过程中为保证质量所从事的工作完善程度即质量行为。质量管理是为达到质量目标而采取的各种方法体系。

2)质量管理的发展

自有商品生产以来,就有了以检验为主的质量管理方法。按照质量管理所依据的手段和方式,质量管理发展至今大致经历了4个阶段。

第一阶段:传统质量检验阶段。从原始质量管理方法的出现到19世纪末,受手工业作坊或家庭生产经营方式的影响,产品质量主要依靠工人的操作经验,靠手摸、眼看等感官估计和简单的度量衡器测量确定,工人既是操作者又是检验员,经验就是"质量标准"。这个阶段也被称作"操作者的质量管理"。

第二阶段:质量检验阶段。20世纪初到40年代,随着工业革命的到来,机器化生产取代了手工作坊,劳动者集中到工厂内进行批量生产劳动,由于生产规模的扩大及职能的分解,独立的质量部门承担了质量控制职能。专业的检验员使用各种各样的检测设备和仪表,对产品质量严格把关,进行百分之百的检验。这个阶段也被称作"检验员的质量管理"。

第三阶段:统计质量控制阶段。20世纪40年代到50年代末,抽样检验把数理统计技术引入到质量管理领域。工程师运用数理统计方法,在产品的质量波动中寻找客观规律,制定措施。

第四阶段:全面质量管理阶段。1961年,通用电气公司质量经理费根堡姆在《全面质量管理》一书中提出,执行质量职能是公司全体人员的责任,大家都应具有质量意识,并承担质量的职责。质量管理过程从原来的制造、检验,延伸到市场调研、设计、采购、包装、发运、使用等各个环节。

对质量的认识,我国一直强调"百年大计,质量第一""质量是打开世界市场的金钥匙"。在建筑过程中,建筑工程质量是每一个环节、每一个工序合格质量的聚合物,其他质量都合格,但凡有一根立柱不合格,则可能整个工程不合格。因此,质量管理,要全过程、全方位地进行控制,要从人、机、料、方法、环境等进行全面质量管理。

3)质量管理导图(图 4-1)

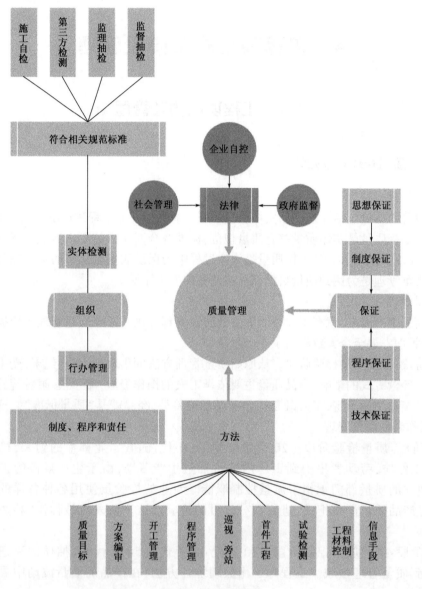

图 4-1 质量管理导图

4.1.2 质量管理依据

工程质量控制与管理的主要依据有:《中华人民共和国建筑法》(中华人民共和国主席令第二十九号)、《建设工程质量管理条例》(国务院令第 279 号,2019 年 4 月 23 日第二次修订)、《公路水运工程质量监督管理规定》(交通运输部〔2017〕28 号)、《公路工程施工监理规范》(JTG G10—2016)(以下简称《监理规范》)、《建设工程项目管理规范》(GB/T 50326—2017)、《公路水运建设工程质量事故等级划分和报告制度》等法律、法规及合同文件。相关法律、法规条款摘编见表 4-1。

工程质量管理相关法律、法规条款摘编 表4-1

项 目	内 容
中华人民共和国建筑法	第五十四条　建设单位不得以任何理由,要求建筑设计单位或者建筑施工企业在工程设计或者施工作业中,违反法律、行政法规和建筑工程质量、安全标准,降低工程质量。 　　建筑设计单位和建筑施工企业对项目法人违反前款规定提出的降低工程质量的要求,应当予以拒绝。 　　第五十五条　建筑工程实行总承包的,工程质量由工程总承包单位负责,总承包单位将建筑工程分包给其他单位的,应当对分包工程的质量与分包单位承担连带责任。分包单位应当接受总承包单位的质量管理。 　　第五十六条　建筑工程的勘察设计单位必须对其勘察、设计的质量负责。勘察、设计文件应当符合有关法律、行政法规的规定和建筑工程质量、安全标准、建筑工程勘察、设计技术规范以及合同的约定。设计文件选用的建筑材料、建筑构配件和设备,应当注明其规格、型号、性能等技术指标,其质量要求必须符合国家规定的标准。 　　第五十七条　建筑设计单位对设计文件选用的建筑材料、建筑构配件和设备不得指定生产厂、供应商。 　　第五十八条　建筑施工企业对工程的施工质量负责。 　　建筑施工企业必须按照工程设计图纸和施工技术标准施工,不得偷工减料。工程设计的修改由原设计单位负责,建筑施工企业不得擅自修改工程设计。 　　第五十九条　建筑施工企业必须按工程设计要求、施工技术标准和合同的约定,对建筑材料、建筑构配件和设备进行检验,不合格的不得使用
建设工程质量管理条例	第十条　建设工程发包单位,不得迫使承包方以低于成本的价格竞标,不得任意压缩合理工期。项目法人不得明示或者暗示设计单位或者施工单位违反工程建设强制性标准,降低建设工程质量。 　　第十一条　施工图设计文件审查的具体办法,由国务院建设行政主管部门、国务院其他有关部门制订。施工图设计文件未经审查批准的,不得使用。 　　第十四条　按照合同约定,由项目法人采购建筑材料、建筑构配件和设备的,项目法人应当保证建筑材料、建筑构配件和设备符合设计文件和合同要求。 　　建设单位不得明示或者暗示施工单位使用不合格的建筑材料、建筑构配件和设备。 　　第二十二条　设计单位在设计文件中选用的建筑材料、建筑构配件和设备,应当注明规格、型号、性能等技术指标,其质量要求必须符合国家规定的标准。 　　除有特殊要求的建筑材料、专用设备、工艺生产线等外,设计单位不得指定生产厂、供应商。 　　第二十三条　设计单位应当就审查合格的施工图设计文件向施工单位作出详细说明。 　　第二十四条　设计单位应当参与建设工程质量事故分析,并对因设计造成的质量事故,提出相应的技术处理方案。 　　第二十六条　施工单位对建设工程的施工质量负责。 　　施工单位应当建立质量责任制,确定工程项目的项目经理、技术负责人和施工管理负责人。 　　建设工程实行总承包的,总承包单位应当对全部建设工程质量负责;建设工程勘察、设计、施工、设备采购的一项或者多项实行总承包的,总承包单位应当对其承包的建设工程或者采购的设备的质量负责。 　　第二十七条　总承包单位依法将建设工程分包给其他单位的,分包单位应当按照分包合同的约定对其分包工程的质量向总承包单位负责,总承包单位与分包单位对分包工程的质量承担连带责任。 　　第二十八条　施工单位必须按照工程设计图纸和施工技术标准施工,不得擅自修改工程设计,不得偷工减料。

续上表

项　　目	内　　容
建设工程质量管理条例	施工单位在施工过程中发现设计文件和图纸有差错的,应当及时提出意见和建议。 　　第二十九条　施工单位必须按照工程设计要求、施工技术标准和合同约定,对建筑材料、建筑构配件、设备和商品混凝土进行检验,检验应当有书面记录和专人签字;未经检验或者检验不合格的,不得使用。 　　第三十条　施工单位必须建立、健全施工质量的检验制度,严格工序管理,作好隐蔽工程的质量检查和记录。隐蔽工程在隐蔽前,施工单位应当通知项目法人和建设工程质量监督机构。 　　第三十一条　施工人员对涉及结构安全的试块、试件以及有关材料,应当在项目法人或者工程监理单位监督下现场取样,并送具有相应资质等级的质量检测单位进行检测。 　　第三十二条　施工单位对施工中出现质量问题的建设工程或者竣工验收不合格的建设工程,应当负责返修。 　　第三十三条　施工单位应当建立、健全教育培训制度,加强对职工的教育培训;未经教育培训或者考核不合格的人员,不得上岗作业。 　　第三十五条　工程监理单位与被监理工程的施工承包单位以及建筑材料、建筑构配件和设备供应单位有隶属关系或者其他利害关系的,不得承担该项建设工程的监理业务。 　　第三十六条　工程监理单位应当依照法律、法规以及有关技术标准、设计文件和建设工程承包合同,代表项目法人对施工质量实施监理,并对施工质量承担监理责任。 　　第三十七条　工程监理单位应当选派具备相应资格的总监理工程师和监理工程师进驻施工现场。 　　未经监理工程师签字,建筑材料、建筑构配件和设备不得在工程上使用或者安装,施工单位不得进行下一道工序的施工。未经总监理工程师签字,项目法人不拨付工程款,不进行竣工验收。 　　第三十八条　监理工程师应当按照工程监理规范的要求,采取旁站、巡视和平行检验等形式,对建设工程实施监理。
公路水运工程质量监督管理规定	第七条　从业单位应当建立健全工程质量保证体系,制订质量管理制度,强化工程质量管理措施,完善工程质量目标保障机制。 　　公路水运工程施行质量责任终身制。建设、勘察、设计、施工、监理等单位应当书面明确相应的项目负责人和质量负责人。从业单位的相关人员按照国家法律法规和有关规定在工程合理使用年限内承担相应的质量责任。 　　第八条　建设单位对工程质量负管理责任,应当科学组织管理,落实国家法律、法规、工程建设强制性标准的规定,严格执行国家有关工程建设管理程序,建立健全项目管理责任机制,完善工程项目管理制度,严格落实质量责任制。 　　第九条　建设单位应当与勘察、设计、施工、监理等单位在合同中明确工程质量目标、质量管理责任和要求,加强对涉及质量的关键人员、施工设备等方面的合同履约管理,组织开展质量检查,督促有关单位及时整改质量问题。 　　第十条　勘察、设计单位对勘察、设计质量负责,应当按照有关规定、强制性标准进行勘察、设计,保证勘察、设计工作深度和质量。勘察单位提供的勘察成果文件应当满足工程设计的需要。设计单位应当根据勘察成果文件进行工程设计。 　　第十一条　设计单位应当按照相关规定,做好设计交底、设计变更和后续服务工作,保障设计意图在施工中得以贯彻落实,及时处理施工中与设计相关的质量技术问题。 　　第十二条　公路水运工程交工验收前,设计单位应当对工程建设内容是否满足设计要求、是否达到使用功能等方面进行综合检查和分析评价,向项目法人出具工程设计符合性评价意见。

续上表

项 目	内 容
公路水运工程质量 监督管理规定	第十三条 施工单位对工程施工质量负责,应当按合同约定设立现场质量管理机构、配备工程技术人员和质量管理人员,落实工程施工质量责任制。 第十四条 施工单位应当严格按照工程设计图纸、施工技术标准和合同约定施工,对原材料、混合料、构配件、工程实体、机电设备等进行检验;按规定施行班组自检、工序交接检、专职质检员检验的质量控制程序;对分项工程、分部工程和单位工程进行质量自评。检验或者自评不合格的,不得进入下道工序或者投入使用。 第十五条 施工单位应当加强施工过程质量控制,并形成完整、可追溯的施工质量管理资料,主体工程的隐蔽部位施工还应当保留影像资料。对施工中出现的质量问题或者验收不合格的工程,应当负责返工处理;对在保修范围和保修期限内发生质量问题的工程,应当履行保修义务。 第十六条 勘察、设计、施工单位应当依法规范分包行为,并对各自承担的工程质量负总责,分包单位对分包合同范围内的工程质量负责。 第十七条 监理单位对施工质量负监理责任,应当按合同约定设立现场监理机构,按规定程序和标准进行工程质量检查、检测和验收,对发现的质量问题及时督促整改,不得降低工程质量标准。 公路水运工程交工验收前,监理单位应当根据有关标准和规范要求对工程质量进行检查验证,编制工程质量评定或者评估报告,并提建设单位。 第十八条 施工、监理单位应当按照合同约定设立工地临时试验室,严格按照工程技术标准、检测规范和规程,在核定的试验检测参数范围内开展试验检测活动。 施工、监理单位应当对其设立的工地临时试验室所出具的试验检测数据和报告的真实性、客观性、准确性负责。 第十九条 材料和设备的供应单位应当按照有关规定和合同约定对其产品或者服务质量负责
公路水运建设 工程质量事故 等级划分 和报告制度	第三条 本制度所称公路水运建设工程质量事故,是指公路水运建设工程项目在缺陷责任期结束前,由于施工或勘察设计等原因使工程不满足技术标准及设计要求,并造成结构损毁或一定直接经济损失的事故。 第四条 根据直接经济损失或工程结构损毁情况(自然灾害所致除外),公路水运建设工程质量事故分为特别重大质量事故、重大质量事故、较大质量事故和一般质量事故四个等级;直接经济损失在一般质量事故以下的为质量问题。 (一)特别重大质量事故,是指造成直接经济损失1亿元以上的事故。 (二)重大质量事故,是指造成直接经济损失5000万元以上1亿元以下,或者特大桥主体结构垮塌、特长隧道结构坍塌,或者大型水运工程主体结构垮塌、报废的事故。 (三)较大质量事故,是指造成直接经济损失1000万元以上5000万元以下,或者高速公路项目中桥或大桥主体结构垮塌、中隧道或长隧道结构坍塌、路基(行车道宽度)整体滑移,或者中型水运工程主体结构垮塌、报废的事故。 (四)一般质量事故,是指造成直接经济损失100万元以上1000万元以下,或者除高速公路以外的公路项目中桥或大桥主体结构垮塌、中隧道或长隧道结构坍塌,或者小型水运工程主体结构垮塌、报废的事故。 本条所称的"以上"包括本数,"以下"不包括本数。 水运工程的大、中、小型分类参照《公路水运工程监理企业资质管理规定》(交通运输部令2015年第4号)执行。 第五条 工程项目交工验收前,施工单位为工程质量事故报告的责任单位;自通过交工验收至缺陷责任期结束,由负责项目交工验收管理的交通运输主管部门明确项目项目法人或管养单位作为工程质量事故报告的责任单位。 第六条 一般以上工程质量事故均应报告。事故报告责任单位应在应急预案或有关制度中明确事故报告责任人。事故报告应及时、准确,任何单位和个人不得迟报、漏报、谎报或瞒报。

续上表

项　目	内　容
公路水运建设工程质量事故等级划分和报告制度	事故发生后,现场有关人员应立即向事故报告责任单位负责人报告。事故报告责任单位应在接报2小时内,核实、汇总并向负责项目监管的交通运输主管部门及其工程质量监督机构报告。接收事故报告的单位和人员及其联系电话应在应急预案或有关制度中予以明确。 重大及以上质量事故,省级交通运输主管部门应在接报2小时内进一步核实,并按工程质量事故快报统一报交通运输部应急办转部工程质量监督管理部门;出现新的经济损失、工程损毁扩大等情况的应及时续报。省级交通运输主管部门应在事故情况稳定后的10日内汇总、核查事故数据,形成质量事故情况报告,报交通运输部工程质量监督管理部门。 对特别重大质量事故,交通运输部将按《交通运输部突发事件应急工作暂行规范》由交通运输部应急办会同部工程质量监督管理部门及时向国务院应急办报告。 第七条　工程质量事故发生后,事故发生单位和相关单位应按照应急预案规定及时响应,采取有效措施防止事故扩大。同时,应妥善保护事故现场及相关证据,任何单位和个人不得破坏事故现场。因抢救人员、防止事故扩大及疏导交通等原因需要移动事故现场物件的,应做出标识,保留影像资料

4.1.3　质量管理体系建立

代建监理机构应根据需求制订项目质量管理制度、质量管理绩效考核制度等,配备质量管理资源。

项目质量管理应坚持缺陷预防的原则,按照策划、实施、检查、处置的循环方式进行系统运作。

代建监理机构应通过对人员、机具、材料、方法、环境要素的全过程管理,确保工程质量满足质量标准和相关方要求。

1)项目质量管理制度

项目质量管理制度包括质量控制责任制度和质量管理规章制度。责任制度是规定质量管理机构和人员分工,建立各方相互协调的管理机制。规章制度是规定工作范围、内容和工作流程规则如质量控制监理制度、施工技术交底制度、创建品质工程制度等。项目质量管理制度见表4-2。

项目质量管理制度　　　　　　　　　　　　　　　表4-2

序号	名称	主要内容
1	质量控制责任制度	质量责任制是公路工程质量管理的一项重要制度,是建设各方主体贯彻落实公路工程有关法律、法规、规章、强制性技术标准以及履行工程合同的重要保证,也是提高工程质量、预防和遏制质量事故的有效手段。公路工程质量责任制不落实,将直接影响公路工程质量,影响公路交通事业的可持续发展。 1.项目建设人员依法对所从事的公路工程质量工作负责。公路建设从业单位应当分解落实工程建设各岗位、各环节质量责任,明确质量责任人。 2.公路建设从业人员的质量责任在本单位质量责任范围内按以下原则划分:从业单位的法定代表人和主管负责人,对本单位所承担公路工程的质量工作负领导责任;从业单位的技术负责人,对本单位所承担公路工程的质量工作负工程技术方面责任;从业单位的工程项目负责人,对工程项目现场的质量工作负直接领导责任;具体工作人员为直接责任人。

续上表

序号	名称	主 要 内 容
1	质量控制责任制度	3. 公路建设从业单位和从业人员按照各自职责,对所承担的公路工程项目在设计使用年限内承担质量责任。 4. 公路建设项目实行工程质量责任登记制度。公路建设从业单位应按要求填写工程质量责任登记表。 (见《关于严格落实公路工程质量责任制的若干意见》交公路发〔2008〕116号) 5. 项目法人对工程质量负管理责任,应当科学组织管理,落实国家法律、法规、工程建设强制性标准的规定,严格执行国家有关工程建设管理程序。 6. 勘察、设计单位对勘察、设计质量负责,应当按照有关规定、强制性标准进行勘察、设计,保证勘察、设计工作深度和质量。勘察单位提供的勘察成果文件应当满足工程设计的需要。设计单位应当根据勘察成果文件进行工程设计。 7. 施工单位对工程施工质量负责,应当按合同约定设立现场质量管理机构、配备工程技术人员和质量管理人员,落实工程施工质量责任制。应当严格按照工程设计图纸、施工技术标准和合同约定施工,对原材料、混合料、构配件、工程实体、机电设备等进行检验;按规定实施班组自检、工序交接检、专职质检员检验的质量控制程序;对分项工程、分部工程和单位工程进行质量自评。检验或者自评不合格的,不得进入下道工序或者投入使用。 8. 监理单位对施工质量负监理责任,应当按合同约定设立现场监理机构,按规定程序和标准进行工程质量检查、检测和验收,对发现的质量问题及时督促整改,不得降低工程质量标准。 公路水运工程交工验收前,监理单位应当根据有关标准和规范要求对工程质量进行检查验证,编制工程质量评定或者评估报告,并提交项目法人
2	质量控制监理制度	工程监理受业主委托,按合同和规范要求依法、依合同开展监理工作,并依法承担监理合同范围内规定的相应责任。监理的核心是以质量、安全为重点,加强程序控制、工序验收和抽检评定,加强对隐蔽工程和关键部位的监理,对有质量安全等问题的监督权和否决权。 1. 代建监理必须严格执行有关公路工程建设的法律、法规、规范、技术标准、规定和有关合同文件的要求,监督公路工程施工承包合同的实施。建立健全代建监理质量保证体系,系统实施质量监理控制。 2. 建立强有力的质量管理机构,配备充足的技术管理力量,不断健全各项质量管理制度,落实质量岗位责任制,采取有效的管理措施,处理好质量与进度、质量与投资、质量与廉政的关系,确保工程质量目标的实现。 3. 对参建单位质量管理行为、质量保证体系和工程实体质量进行全过程的跟踪检查,采用综合检查和专项检查相结合,日常巡视与抽检相结合的方式,严把原材料准入关,加强关键工序、关键部位的督促检查,及时发现和纠正存在的工程质量问题。加强对施工单位试验室的监督管理,建立代建监理中心试验室试验制度,加强试验数据的比对,及时掌握工程质量动态。 4. 会同设计代表经常深入施工现场,积极协助施工单位解决和处理工程中出现的与设计有关的技术难题和质量问题。 5. 主动接受和配合上级交通主管部门、工程质量监督机构及社会各界对工程质量的监督检查,对检查中发现的质量问题不隐瞒、不护短,及时督促参建单位做好质量问题和质量隐患的整改落实,并做好整改反馈工作。 6. 代建监理定期或不定期进行工程施工质量专项大检查,检查各单位的内业、原始记录是否按规定办理和工地现场质量情况。代建监理应把施工质量做为首要工作,坚持工地日常质量旁站、巡视、验收制度。 7. 加强对各参建单位质量工作的监督管理,督促各单位建立健全各项管理制度,加大现场监督管理力度,严把质量检验关。加强代建监理队伍建设,增强质量意识及工作责任心,加强内部管理,及时撤换不称职的工作人员,提高工作人员素质,不断提高工作水平。 8. 建立工程质量考核评比和奖罚制度,开展劳动竞赛活动,选择质量管理的典型案例召开现场质量会议,在全线建立工程质量竞争机制,奖优罚劣,确保质量目标的实现。 9. 组织参建单位技术管理人员进行有关业务培训,鼓励新技术、新材料、新工艺的开发和运用。

续上表

序号	名称	主要内容
2	质量控制监理制度	10.代建监理中心试验室督促施工单位进行标准试验,并审核施工单位申报的重要工程材料及混合料配合比,对混合料在标准试验的基础上进行试验验证,在规定的期限内予以审核。对施工单位申请使用的商品混凝土或商品混合料配合比进行抽检和验证
3	施工技术交底制度	为了全面了解工程特点和设计意图,以及对工程关键部位的质量要求,同时也为了减少图纸的差错,将图纸中的质量隐患,消灭于萌芽状态,在开工前,监管单位组织设计施工总承包单位进行设计交底,并进行图纸会审;并对承包单位的开工申请进行审查。 1.施工技术交底。 技术交底是施工企业极为重要的一项技术管理。在每项分项工程或重要工序开始施工前,项目经理部应由总工主持,监管部人员参加会议对参与该项施工的有关人员进行技术交底,并下达施工图及技术交底书。其目的是使参与施工的技术人员、管理人员和操作者熟悉和了解所担负工程的特点、设计意图、技术要求、施工工艺和应注意的问题。 2.技术交底的内容: (1)设计意图交底部份设计基本情况。 (2)施工设计图的要求及构造特点。详细说明施工设计图对所施工的工程具体要求,并简要说明构造方面的特点。 (3)施工工艺及施工过程中应注意的事项。每项工程施工都有若干个步骤,对每道工序均应详细进行交底。对于重点工程,工程重要部位、特殊工程和推广与应用新技术、新工艺、新材料、新结构的工程,在技术交底时更需要作全面、明确、详细的技术交底。同时对操作过程中注意事项也应作详细说明。 3.技术安全措施: (1)技术规范要求及质量标准。 (2)材料要求。由于各分项工程施工的程序包括若干个步骤,在不同步骤其交底的内容与深度要求也不同。 4.技术交底的要求: (1)技术交底是一项技术性很强的工作,必须领会设计意图,执行和满足施工技术规范、操作规程、工艺标准、质量标准和发包人的合理要求。 (2)技术交底必须满足设计图纸的技术要求,凡需进行修改设计均应通过发包人。 (3)技术交底必须满足施工规范、技术操作规程的要求,施工质量必须达到规范规定,不得任意修改删减规范中的内容,不得降低施工质量标准。 (4)在技术交底前先熟悉施工图纸与设计文件、技术规范、操作规程、工艺标准、质量标准等。 (5)必须以书面形式进行技术交底。技术交底必须有签发人(项目技术负责人)、接受人(施工员及施工班组长)的签字。 (6)相应专业监理工程师参加技术交底工作,对质量控制、安全生产和环境保护等提出具体要求。 (7)交底工作深入班组,交底前将设计文件、交底内容发送给各班组,并详细听取现场人员的意见,透彻解答疑难。 (8)对易发生工程质量事故与工伤事故的工程部位与工种,在技术交底时应着重强调,防止各种事故发生。 (9)技术交底必须在工程施工前进行。技术交底是分部、分项工程施工前的必要准备工作之一。未作技术交底的工程,监管部有权力拒绝开工和检查。技术交底是一项重要的技术管理,书面交底仅仅是一种形式,技术管理的大量工作是检查、督促,在施工过程中要反复检查技术交底书各项内容与要求的落实情况,加强施工监督,对中间验收要严格,从而才能保证施工质量

续上表

序号	名称	主 要 内 容
4	创建品质工程制度	国家提出"创新、协调、绿色、开放、共享"的发展理念,交通运输行业提出用新理念打造品质工程的要求。为顺应时代发展新要求,创新标准化管理新理念,将品质工程建设理念贯穿工程建设的全过程。以理念提升、创新引领、示范带动、制度完善为途径,全面提升工程的内在质量和外在品质。 1.推进工程施工标准化。立足于推进工程现代化组织管理模式,积极推广工厂化生产、装配化施工,着力推进施工工艺标准化、施工管理模式体系化、施工场站建设规范化,逐步推进工程建设向产业化方向发展。 2.推进工程管理精细化。倡导工程全寿命周期集成化管理,强化主体结构与附属设施的施工精细化管理,推动实施精益建造,提升工程整体质量。建立"实施有标准、操作有程序、过程有控制、结果有考核"的标准化管理体系。 3.推进工程管理信息化。探索"互联网+交通基础设施"发展新思路,推进大数据与项目管理系统深度融合,逐步实现工程全寿命周期关键信息的互联共享。推进建筑信息模型(BIM)技术,积极推广工艺监测、安全预警、隐蔽工程数据采集、远程视频监控等设施设备在施工管理中的集成应用,推行"智慧工地"建设,提升项目管理信息化水平。 4.推进班组管理规范化。建立健全施工班组管理制度,强化班组能力建设。加强施工技术交底,实行班前教育和工后总结制度。推行班组首次作业合格确认制,强化班组作业标准化、规范化和精细化。全面推行班组人员实名制管理,强化班组的考核与奖惩,夯实基层基础工作。 5.科技创新应用:积极推行钢筋智能加工、智能喷淋养生、智能张拉压浆、视频监控等应用系统。积极推行"四新技术"。以提升质量,改善安全,提高工效、解决通病为目标,积极推行梁板一体化封端、空心板聚苯乙烯泡沫内芯模、防撞墙复合钢模板和防撞墙模板安装台车等四新技术。 6.完善质量创优机制。设置项目管理目标奖金,以完善办法制度、开展专项活动等为抓手,强化工程质量管理。例如,制订"混凝土外观质量创优"、"路基边坡圆弧化"、"钢筋保护层厚度创优"、"小型构件、桥梁梁板的安装创优"、"梁板湿接缝凿毛"、"路面厚度及平整度控制创优"等管理和创优办法,开展"桥梁防撞墙模板"、"路基填筑"等专项活动,奖优罚劣,以促进工程质量水平的提高。 7.强化质量过程控制。建立关键隐蔽工程三方验收机制,未经验收合格不得覆盖;模板、原材料准入制,从源头确保实体工程质量;坚持动态管理,及时修正设计;因时制宜,关注特殊季节施工条件,如冬季混凝土构件预制采用蒸汽养生设备,雨季边坡开挖与防护措施;主抓试验检测,提供科学数据
5	推行首件工程制度	1."首件工程认可制"的原则和目的。 "首件工程认可制"的实施原则是超前控制,做好首件,典型示范,带动全面。确定最佳工艺,树立示范工程,以指导后续工程批量生产,预防后续批量生产中可能产生的质量问题,有效减少返工损失,缩短施工工期。 "首件工程认可制"是指在一个分项工程正式开工前,必须先做好首件实体工程,并以此作为同类分项工程的样板进行推广。贯彻以工序保分项、以分项保分部、以分部保单位、以单位保总体的质量创优保障原则,从而推动整个工程的规范标准作业,以达到整个工程的高标准、高质量的目标。 "首件工程认可制"是以施工标段为基本单位分别进行,凡未经首件工程认可的分项工程,一律不得批量生产。 2."首件工程认可制"的实施程序。 (1)方案确定。承包人应针对首件工程的每一道工序拟定作业指导书和编制施工组织设计,除写明分项工程的工程特点、工程部件等内容外,应重点阐述人员、设备准备情况、施工工艺、技术培训和交底及质量控制措施等,经代建监理机构分部书面批准后方可实施。

续上表

序号	名称	主要内容
5	推行首件工程制度	（2）实施。承包人应严格按照批准的施工组织设计进行首件工程施工。施工过程中要有详细记录操作程序和有关技术指标，并做到全程影像跟踪，及时修正完善作业指导书和施工组织设计。代建监理机构分部必须对首件工程全程旁站，并做好相应记录，对实施过程中发现的问题应及时提出可行的调整处理方案，以保证其顺利实施。 3.审查和批准。在首件工程(分项工程)完成以后，承包人应对已完成项目的施工工艺进行总结，并对质量进行综合评价，提出自评意见报质量代建监理机构。质量代建监理机构组织进行检测、验证施工工艺的可靠性、合理性，提出审查意见。 首件工程经审查通过后，承包人应根据评审意见进一步完善施工方案作为最终实施方案，并报代建监理机构批准。 4.推广。在工程施工中，承包人应严格按照首件实体认可工程所形成的施工工艺、技术参数及质量控制措施去操作，确保产品质量始终保持优良，同时通过不断地琢磨、研究，完善施工工艺，提高质量管理措施，推动工程质量创优
6	材料、构配件和设备管理制度	1.材料、设备供应单位对所供应的材料、设备及服务质量负责，并承担连带的工程质量责任。 2.材料、设备供应单位所供应的材料设备，应当符合有关公路工程相关技术标准的规定，符合设计对材料、设备的要求，确保供货时间，做好售后服务。 3.按合同规定采购的材料和设备，施工单位和代建监理应按规定进行检查，对检验不合格的产品，不得使用，检验意见不一致时，委托有资质的第三方认证。 4.在材料、设备的采购中，应严格执行采购程序，规范工程材料采购与供应市场行为，保证工程质量。在使用过程中，应严格质量标准，按照有关施工技术规范进行。 5.设备管理： （1）实行设备进场准入(许可)制度。承包人投入的设备型号、规格、品质、数量必须满足合同文件及工程建设的需要，投入的设备须报监理人审批后方可进场。各分项工程开工所拟用的设备须经监理工程师批准并由监理工程师签发《进场设备报验单》后方可投入使用。 （2）代建监理有权跟据工程管理实际要求承包人增加机械设备投入，承包人不得拒绝。 （3）承包人须严格控制机械设备性能、选型和使用操作，质量管理体系中要有相关的程序文件和作业指导书。 （4）不定期检查机械设备及其维护管理情况，对设备投入不够设备运行情况较差或调度混乱的承包人，代建监理机构将按合同约定进行违约处罚。 6.材料及构配件： （1）实行材料进场准入(许可)制度。任何拟在本工程使用的材料及构配件(自购材、甲供材、联合采购材)都必须经过监理工程师检查批准并签发《进场材料报验单》后方可进场使用。 （2）承包人不得违反合同擅自调整采购方式，否则除监理工程师禁止在本工程使用和不予计量支付外，还将追究其违约责任。 （3）代建监理有权对承包人拟定的自购材料供应商进行考察评估，对材料的选择和备料过程进行监管，承包人不得拒绝。 （4）进场材料由承包人做好标识、建立进场报验台账、负责储存、保管、使用和维护。发现不合格或不适用的情况，承包人应查明原因，做好记录并及时报告监理人
7	专项施工方案评审和审批制度	1.专项施工方案评审和审批范围。 代建监理机构制订承包人各类方案审批流程，并确定各级审批权限。对于一般工程专项施工方案，由代建监理机构分部审核批准；对技术复杂、质量安全风险较高或采用四新技术的工程项目，则由代建监理机构组织专项方案评审和论证，确保方案具有针对性、可行性和可操作性。 2.专项施工方案的主要内容。 包括工程概况，编制依据，分部分项工程影响质量、安全的风险源分析及相关预防措施，设计计算书和设计施工图等设计文件，施工准备，施工进度计划，施工部署，人员计划，施工控制和应急预案及处置措施等内容

续上表

序号	名称	主 要 内 容
8	试验检测管理制度	1.试验监督检测的任务。 试验监督检测的任务是通过试验的手段和结果,对各个工程材料、配合比和强度等方面的验证试验、标准试验、抽样试验、工艺试验、验收试验进行有效控制,以确保各项工程的物理、化学性能达到规定要求。 2.代建监理试验室。 (1)负责指导、检查、督促、协调管辖范围试验工作统一按合同条款或正式颁布的国家标准及行业标准进行。 (2)试验室的规模、试验设备的种类及数量应能满足实施工过程中各项试验的要求,应有各项专业试验工程师及经过专门培训的试验人员,健全的各种规章制度,实行明确的责任分工。 (3)施工、监理按规定的检测频次和要求抽样试验,建立健全的试验台账体系,另业主方对监理承包人的工地试验室和流动试验室的设备功能、人员资质、操作方法、资料管理等项工作进行有效的监督、检查、审核并负责试验人员的培训工作。 (4)试验室定期和不定期地对承包人的人员资质及试验仪器进行检验,并监督承包人定期将仪器设备交由政府监督部门进行标定,妥善保存相关记录。 (5)试验室应参与监理组织的质量检查评定工作。 (6)试验室应负责试验资料的审核归档工作。 (7)试验室应负责本项目中与试验有关的工作。 (8)应对承包人的各项施工程序、施工方法和施工工艺及材料、机械、配合比等进行全方位的巡视、全过程的旁站、全环节的检查,并及时在原始记录上签字认可,不得事后补签。对于承包人违背规范和试验规程所得的检测结果,监理人员应不予认可,并对内相应部位质量进行复检,对重要关键部位的施工,应及时到现场抽样检测,以达到对施工质量有效的监督和管理。 3.承包人工地试验室。 (1)承包人工地试验室的规模、试验设备的种类及数量应能满足合同及规范要求,应有各项专业试验工程师及经过专门培训的试验人员,建立健全各项规章制度,实行明确的责任分工。工地试验室必须取得交通主管部门的资质认可,并严格按批准的试验项目开展工作,严禁超越批准的试验检测项目进行试验检测工作,并只能为本企业在本合同段承担的施工任务进行试验检测,不能对外承接试验任务。 (2)承包人的工地试验室应建立符合抽检频率的试验台账。 (3)工地试验室应承担进场材料的鉴定试验,并将结果提交监理试验室进行复验和批准。 (4)工地试验室在原材料经监理检查合格的基础上,方能进行各工程项目开工前的标准试验和预先试验,并将结果提交监理试验室进行复验和批准。 (5)配合施工,提供和采集为控制施工质量所需要的各种参数。 (6)根据规范规定的抽样频率、时间和方法,进行施工过程中的抽样试验和工序或单项工程完工后的检查试验,并向监理工程师提交试验结果。 (7)对全部工程项目的各种试验结果进行数理统计和分析整理,建立全部工程的试验资料档案,为工程竣工提供详实的试验资料。 4.试验的分类。 根据交通运输部《公路工程施工监理规范》(JTG G10)现场质量控制中对试验工作管理的要求,将以上各种试验分为验证试验、标准试验、工艺试验、抽样试验、验收试验五类。 (1)验证试验是对材料或商品构件进行预先鉴定,以决定是否可以用于工程。在材料或商品构件订货之前,承包人应提供生产厂家的产品合格证书及试验报告,还应对生产厂家生产设备、工艺及产品的合格率进行现场调查了解,并由中心试验室或代建监理机构指定的国家法定检测机构对承包人提供的样品进行试验,以决定同意采购与否;材料或商品构件运入现场后,应按规定的批量和频率进行抽样试验,不合格的材料或商品构件不准用于工程,并应由承包人运出场外;在施工进行中,应随机对用于工程的材料或商品构件进行符合性的抽样试验检查。

续上表

序号	名称	主 要 内 容
8	试验检测管理制度	(2)标准试验是对各项工程的内在品质进行施工前的数据采集，它是控制和指导施工的科学依据，包括各种标准击实试验、集料的级配试验、混合料的配合比试验、结构的强度试验等。在各项工程开工前合同规定或合格的时间内，应由承包人先完成标准试验，并将试验报告及试验材料提交中心试验室审查批准，试验监理工程师应派试验监理人员参加承包人的试验，并进行有效的现场监督检查。中心试验室应在承包人进行标准试验的同时或以后，平行进行复核(对比)试验，以肯定、否定或调整承包人标准试验的参数或指标。 (3)工艺试验是依据技术规范的规定，在动工之前对路基、涵洞、防护工程(如护面墙、网格护坡、边沟等)、小型预制构件，路面，交通工程及其他需要通过预先试验方能正式施工的分项工程预先进行工艺试验，然后依其试验结果全面指导施工。 (4)抽样试验是对各项工程实施中的实际内在品质进行符合性的检查，内容包括各种材料的物理性能、土方及其它填筑施工的密实度、混凝土及沥青混凝土的强度等的测定和试验。中心试验室应按规定频率独立进行抽样试验，以鉴定承包人的抽样试验结果是否真实可靠。 (5)验收试验是对各项已完工程的实际内在品质做出评定。 5.试验管理程序。 试验工作应按验证试验、标准试验、工艺试验、抽样试验、验收试验五个方面的具体要求进行。 (1)验证试验管理程序如下： 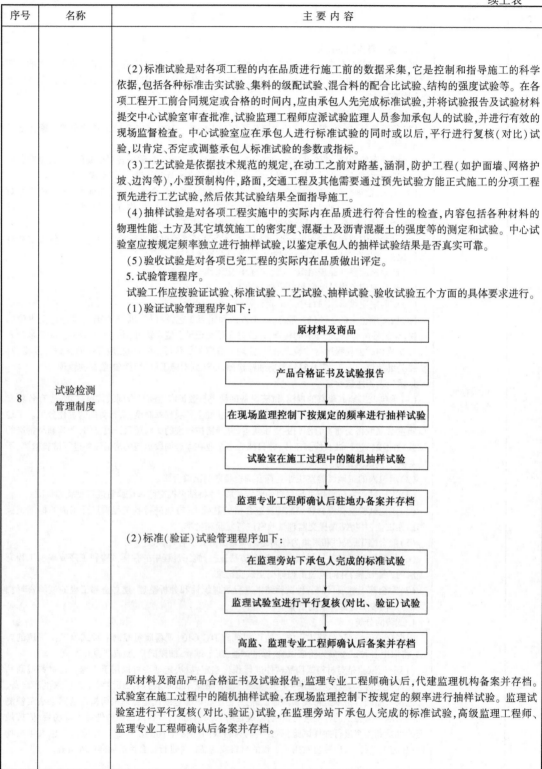 原材料及商品产品合格证书及试验报告，监理专业工程师确认后，代建监理机构备案并存档。试验室在施工过程中的随机抽样试验，在现场监理控制下按规定的频率进行抽样试验。监理试验室进行平行复核(对比、验证)试验，在监理旁站下承包人完成的标准试验，高级监理工程师、监理专业工程师确认后备案并存档。

续上表

序号	名称	主要内容
8	试验检测管理制度	(3)工艺试验管理程序如下： 承包人提出工艺试验的施工方案和实施细则 ↓ 驻地办审查批准 ↓ 现场监理旁站下的工艺试验过程、记录、试验 ↓ 监理工程师确认后备案并存档 (4)抽样试验管理程序如下： 承包人建立反映抽样频率的试验台账 ↓ 驻地办审查、批准 ↓ 承包人在工地试验室进行全频率的抽样试验 ↓ 试验室以20%的比例独立进行抽样试验 ↓ 试验报告作为质检附件备案，并编号进入试验台账，驻地办存档 承包人提出工艺试验的施工方案和实施细则，代建监理机构审查批准现场监理旁站下的工艺试验过程、记录、试验。承包人建立反映抽样频率的试验台账，监理专业工程师确认后备案并存档。承包人在工地试验室进行全频率的抽样试验，代建监理机构审查、批准试验室以20%的频率独立进行抽样试验。试验报告作为质检附件备案，并编号进入试验台账，代建监理机构存档。 (5)验收试验管理程序如下： 承包人进行钻芯取样试验、加载试验等 ↓ 监理组试验室审批并监督 ↓ 监理工程师确认后驻地办备案并存档 6.试验台账的建立和管理。 (1)试验台账建立的目的：试验台账是对合同段工程验证试验、抽样试验的数量和频率进行统计和管理的数据文件，目的是建立起便于查询、管理的试验数据系统，达到合同和规范的要求。 (2)试验台账的建立和管理(台账及统计表格式以电子版下发)：

续上表

序号	名称	主 要 内 容
8	试验检测管理制度	①各承包人每月月底前应向监理组上报经承包人签认的中间检查试验统计表、材料试验统计表、验证试验统计表、标准试验统计表及电子版文件,时间为每月25日。监理组在承包人上报的电子版统计表及台账的基础上及时更新,当月监理试验检测数据,最终报监理工程师签认并存档。 ②每期计量支付报表必须附当期各种试验报告。 ③试验台账建立要项目清楚、数量准确、频率满足规范要求。 ④试验台账必须利用计算机按统一格式建立和管理,并能随时提供检查和汇总
9	工程测量管理制度	1. 总则。 (1)测量工作是工程建设中的一项基础性和超前性的专业技术工作,是施工技术管理的重要组成部分;是保证工程质量、加快施工进度、提高经济效益的重要手段。 (2)为了加强测量工作的管理,使测量工作规范化、制度化,保质保量完成各项测量任务,特制定本管理制度。 2. 测量工作的基本任务。 (1)根据设计文件和技术规范要求,对各项建筑物的位置、方向、高程、结构尺寸、工程数量进行测定、核定和控制,保证工程项目准确无误地按设计意图进行施工。 (2)通过对工程环境的测量,为工程概预算和竣工决算提供依据。 (3)承担本单位临时性施工设施、便道的选线、测定,以及工程数量、变更资料的测量、计算等工作。 3. 工作职责。 (1)负责本项目部施工项目工程的交接桩、复测及线路控制测量。 (2)负责本项目部桥梁、隧道、路基的测量及监测。 (3)负责对本项目部施工的桥梁中线桩难以直接测定、或桥轴线不易达到精度要求的桥梁的轴线、墩、台中心的测定。 (4)负责对本项目部两个(含)以上单位施工及与相邻项目部之间的工程结合部进行控制测量和贯通测量。 (5)确定彻底换手测量关键科目并负责彻底换手测量关键科目的复核测量。 (6)负责检查、监督本项目部下属工区的测量工作。 (7)发现测量事故及时向上级领导报告。 4. 测量资料管理。 (1)各级测量单位在测量工作中,对各项测量原始资料,必须严格按测量规定内容及格式统一标准填写,不允许用纸片、活页纸或小本子代记。 (2)各项测量计算成果和图表,必须做到标注明显、计算过程清晰并签署完备。未经复核、检算和签署不完备的测量资料不得使用。 (3)一切原始观测数据和记事项目,必须在现场记录清楚,不得事后凭记忆补记。记录手簿必须填列页次、注明日期、起止时间、地点、测量项目、观测者、记录者、天气情况及使用仪器。因记错需重记的数字,在错误的数字上划一杠,重新将正确数字写在上面,不得涂改。因超限或其他情况画去的观测记录数据,应注明原因,并予保存,不得撕毁。 (4)各种测量资料成果必须保存完整,整理成册并分类分项归档。对没有长期保存价值的资料也要待工程竣工验交后方可销毁。 5. 复测测量管理。 (1)为确保测量质量,对工程项目的关键测量科目必须实行复核测量,一般测量科目应实行一般复核测量。复核测量,须更换全部测量人员、仪器及计算资料;一般复核测量,须换观测和计算人员。 (2)项目的关键测量科目应纳入施工组织设计或项目质量计划。 (3)复核测量一般应由项目部的测量单位进行,在不能满足需求的情况下,由公司的测量单位进行复测,不得以任何理由减免。 (4)当复核测量成果与原测量成果有较大差异时,双方测量单位应再次换手复测,直至测量成果准确可靠为止。各测量单位还必须将复核测量成果资料与初始测量成果资料一并保存备查。 6. 本制度的内容有与施工指南、验标、暂行技术条件和补充验收标准不相符之处,以后者为准

续上表

序号	名称	主 要 内 容
10	施工工序质量控制管理制度	工程项目的施工过程,是由一系列相互关联、相互制约的工序所构成,工序质量是基础,直接影响工程项目的整体质量。工程质量是在施工工序中形成的,而不是靠最后检验出来的。为了把工程质量从事后检查把关,转向事前控制,达到"以预防为主"的目的,特制定工序控制管理制度。 1.工序质量的控制。 (1)工序质量包含两方面的内容:一是工序活动条件的质量;二是工序活动效果的质量。 (2)工序质量控制的控制步骤如下: 实测:采用必要的检测工具和手段,对抽出的工序子样进行质量检验。 分析:对检验所得的数据通过直方图法、排列图法或管理图法等进行分析,了解这些数据所遵循的规律。 判断:根据数据分布规律分析的结果,对整个工序的质量予以判断,从而确定该道工序是否达到质量标准。若出现异常情况,即可寻找原因,采取对策和措施加以预防,这样便可达到控制工序质量的目的。 2.工序质量控制的内容。 (1)严格遵守工艺规程。 (2)主动控制工序活动条件的质量。 (3)及时检验工序活动效果的质量。 (4)设置工序质量控制点。 3.工序质量控制点的设置。 (1)行为控制。抓好三检制:即首检、互检和巡检。"首检"就是通过手工进行检查,主要是检查工艺是否正确及设备调整是否合理;互检就是互相监督;巡检就是巡回检查。 三自一控:就是要做到每个工作都自检、自分、自纠,控制一次自检正确率。 三工序活动:就是复查上工序,保证本工序,服务下工序。 三按:就是按图纸、按工艺、按标准生产。 三不放过:就是指质量事故原因不查清不放过;责任者没有受到教育不放过;整改措施不落实不放过。 (2)物的状态。在某些工序或操作中,则应以物的状态作为控制的重点。如加工精度与施工机具有关;计量不准与计量设备、仪表有关;危险源与失稳、倾覆、腐蚀、毒气、振动、冲击、火花、爆炸等有关,也与立体交叉、多工种密集作业场所有关等。也就是说,根据不同工序的特点,有的应以控制机具设备为重点,有的应以防止失稳、倾覆、过热、腐蚀等危险源为重点,有的则应以作业场所作为控制的重点。同时要管好设备、用好设备、维修好设备,会使用设备、会检查设备、会维护设备、会排除设备的故障。 (3)材料的质量和性能。材料的质量和性能是直接影响工程质量的主要因素;尤其是某些工序,更应将材料质量和性能作为控制的重点。如预应力筋加工,就要求钢筋匀质、弹性模量一致,含硫(S)量和含磷(P)量不能过大,以免产生热脆和冷脆;Ⅳ级钢筋可焊性差,易热脆,用作预应力筋时,应尽量避免对焊接头,焊后要进行通电热处理。 (4)关键的操作。如预应力筋张拉,要进行超张拉和持荷 2min。超张拉的目的,是为了减少混凝土弹性压缩和徐变,减少钢筋的松弛、孔道摩阻力、锚具变形等原因所引起的应力损失;持荷 2min 的目的,是为了加速钢筋松弛的早发展,减少钢筋松弛的应力损失。在操作中,如果不进行超张拉和持荷 2min,就不能可靠地建立预应力值;若张拉应力控制不准,过大或过小,亦不可能可靠地建立预应力值,这均会严重影响预应力构件的质量。 (5)施工顺序。有些工序或操作,必须严格控制相互之间的先后顺序。如冷拉钢筋,一定要先对焊后冷拉,否则,就会失去冷拉强度。 (6)技术间隙。有些工序之间的技术间歇时间性很强,如不严格控制亦会影响质量。如分层浇筑混凝土,必须待下层混凝土未初凝时将上层混凝土浇完。

序号	名称	主 要 内 容
10	施工工序质量控制管理制度	(7)技术参数。有些技术参数与质量密切相关,亦必须严格控制。如外加剂的掺量,混凝土的水灰化、沥青胶的耐热度、回填土、三合土的最佳含水率、灰缝的饱满度、防水混凝土的抗掺强度等,都将直接影响强度、密实度、抗渗性和耐冻性,亦应作为工序质量控制点。 (8)常见的质量通病。常见的质量通病,如渗水、漏水、起壳、起砂、裂缝等,都与工序操作有关,均应事先研究对策,提出预防措施。 (9)新工艺、新技术、新材料应用。当新工艺、新技术、新材料虽已通过鉴定、试验,但施工操作人员缺乏经验,又是初次进行施工时,也必须将其工序操作作为重点严加控制。 (10)质量不稳定、质量问题较多的工序。通过质量数据统计,表明质量波动、不合格率较高的工序,也应作为质量控制点设置。 (11)特殊土地基和特种结构。对于湿陷性黄土等特殊土地基的处理,以及大跨度结构等技术难度较大的施工环节和重要部位,更应特别控制。 (12)施工工法。施工工法中对质量产生重大影响问题,如大模板施工中模板的稳定和组装问题等,均是质量控制的重点。 4.工序质量的检验。 (1)标准具体化。标准具体化就是把设计要求、技术标准、工艺操作规程等转换成具体而明确的质量要求,并在质量检验中正确执行这些技术法规。 (2)度量。度量是指对工程或产品的质量特性进行检测度量。 (3)比较。所谓比较,就是把度量出来的质量特征值同该工程或产品的质量技术标准进行比较,视其有何差异。 (4)判定。就是根据比较的结果来判断工程或产品的质量是否符合规程、标准的要求,并作出结论。判定要用事实、数据说话,防止主观、片面,真正做到以事实、数据为依据,以标准、规范为准绳。 (5)处理。处理是指根据判定的结果,对合格与优良的工程或产品的质量予以认证;对不合格者,则要找原因,采取对策措施予以调整、纠偏或返工。 (6)记录。记录要贯穿于整个质量检验的过程中,就是把度量出来的质量特征值,完整、准确、及时地记录下来,以供统计、分析、判定、审核和备查用。 5.施工项目质量的预控。 施工项目质量的预控,是事先对要进行施工的项目,分析其在施工中可能或最容易出现的质量问题,从而提出相应的对策,采取质量预控的措施予以预防
11	隐蔽工程质量管理制度	1.隐蔽工程管理要求。 (1)加强对隐蔽工程的质量控制,杜绝隐蔽工程的质量隐患。 (2)对隐蔽工程采取完成验收前不进行覆盖,检查验收不合格的决不能进行下道工序施工。 (3)对隐蔽工程的施工技术管理人员在施工前进行技术培训。 (4)隐蔽工程的关键部位、关键过程的验收采取验收过程必须用摄像机、照相机拍摄,影像资料分类妥善保管。 (5)隐蔽工程管理与计量支付挂钩,隐蔽工程验收资料和记录作为计量支付依据,代建监理机构计量管理人员应对隐蔽工程验收资料和记录进行核查后方可签署计量报表。 2.隐蔽工程检查验收项目及内容。 (1)路基工程。 ①软基处理:符合设计要求。 ②土工格栅:检查土工格栅、土工布的原材料情况、铺设时的搭接卷边情况,铺设长度、宽度,锚固长度。 ③换填处理:检查高程,测定地基承载力,确定软基深度、碎石换填厚度。 ④涵洞墙背回填:检查填料,检查墙背回填的基底宽度,检查压实度。 ⑤挡土墙背回填:检查填料,测定地基承载力,检查墙背回填的基底宽度,检查压实度。

续上表

序号	名称	主 要 内 容
11	隐蔽工程质量管理制度	(2)路面工程。 ①水泥稳定碎石底基层、基层验收内容:压实度、厚度、宽度、平整度、无侧限抗压强度。 ②沥青下面层验收内容:厚度、宽度、压实度、平整度。 ③黏层油、防水层、透层和碎石封层验收内容:撒布量、防水层黏结力等。 (3)桥涵工程。 ①桩基工程。 钢筋:钢筋焊接情况,搭接情况,钢筋笼的长度、直径、主筋根数、箍筋间距、保护层厚度等。 桩孔:在终孔时,检查孔径、孔位、孔深;在灌注混凝土前检查沉淀层厚度,混凝土配合比,原材料,灌注过程中检查混凝土工作性,检查超灌高度、埋管深度等。 ②桥梁承台、扩大基础工程:检查钢筋原材料及焊接,钢筋型号、数量及间距,钢筋位置,保护层厚度等。 ③桥梁梁板预制。 预制箱梁:检查预应力钢绞线的原材料,张拉应力,锚固情况,压浆情况,钢筋原材料、型号、位置、接头方式、间距、数量、保护层厚度等。 预制空心板梁:检查预应力钢绞线的原材料,张拉应力,锚固情况,钢筋原材料、型号、位置、间距、数量、保护层厚度等。 ④涵洞、通道工程:检查涵洞、通道地基承载力;涵洞基础地基处理情况;台身及八字墙基础混凝土原材料、强度;基础钢筋原材料、型号、位置、接头方式、间距、数量、保护层厚度;混凝土基础尺寸(厚度、长度、宽度)。 (4)隧道工程。 ①管棚检查验收内容:角度、长度、孔深、孔位、浆液质量、注浆压力。 ②洞身开挖检查验收内容:拱顶起挖控制、边墙宽度、边墙、仰拱、隧道底超挖控制等。 ③超前导管或超前钢管检查验收内容:锚杆根数、钻杆拔力、孔位、钻孔深度、孔径、浆液质量、注浆压力;角度。 ④锚杆支护检查验收内容:锚杆数量、锚杆拔力、锚杆长度、孔位、孔径、钻孔深度、锚杆垫板等;锚杆的材质、类型、质量、规格、数量和性能必须符合设计和规范要求。 ⑤钢筋网支护检查验收内容:网格尺寸,钢筋保护层厚度,与受喷岩面的间隙,网的长、宽,绑扎搭接长度。 ⑥钢支撑支护检查验收及内容:间距,垂直度,节段连接,焊缝(宽度、厚度、长度),纵向钢筋连接,加强筋间距,保护层厚度,周边轮廓误差。 ⑦喷射支护检查验收及内容:喷射混凝土前受喷面必须清洁,喷射混凝土应与围岩紧密黏接,厚度符合设计要求,不能有空洞,经检查有一处空洞时应返工重做。喷层内不容许添加片石或其他杂物,喷射混凝土严禁挂模喷射。 ⑧防水层检查验收内容:防水卷材搭接宽度、焊缝宽度、固定点间距、搭接质量等。 ⑨衬砌钢筋检查验收内容:钢筋间距、绑扎(焊接)长度。 ⑩混凝土衬砌检查验收内容:混凝土强度、衬砌厚度、墙面平整度。 3.隐蔽工程验收规定及程序。 (1)一般规定。 ①施工单位在报验前应确定隐蔽工程已完工,施工单位按有关技术规范、规程、施工图纸先行自检,自检合格后,向代建监理机构申请报验。 ②施工单位在隐蔽工程未得到代建监理机构分部认可的情况下,不得进行隐蔽、不得进行下道工序作业。而隐蔽工程一旦经过项目代建监理机构签认后,施工单位不得私自变动部件尺寸、位置。 ③隐蔽工程未全部完成,主要技术记录不完善或失真时,不得进行隐蔽工程验收工作。 ④施工单位未提出检查验收申请,或经检查验收发现问题不按要求处理的的隐蔽工程,不得隐蔽、不得进行下道工序作业;否则代建监理机构有权要求施工单位返工处理,由此发生的一切费用由施工单位承担。

续上表

序号	名称	主 要 内 容
11	隐蔽工程质量管理制度	（2）隐蔽工程验收程序。 　　一般的隐蔽工程由代建监理机构监理工程师或专业监理工程师组织验收。具备阶段性验收条件的关键性隐蔽工程由项目代建监理机构工程部组织验收。由工程变更、设计变更引起的隐蔽工程验收，要及时通知项目代建监理机构总工程师参与验收。 　　①隐蔽工程施工完毕，承包单位按有关技术规程、规范、施工图纸先进行自检，自检合格后，填写《报验申请表》，附上相应的隐蔽工程检查记录及有关材料证明，试验报告，复试报告等，报送项目监理工程师审查。 　　②监理工程师收到报验申请后首先对质量证明资料进行审查，并在合同规定的时间内到现场检查（检测或核查），施工单位的专职质检人员及相关施工人员应随同一起到现场。 　　③经现场检查，如符合质量要求，项目代建监理机构专业监理工程师签字确认，准予施工单位隐蔽、覆盖，进入下一道工序施工。 　　④如经现场检查发现不合格，监理工程师签发"监理指令"，指令施工单位整改，经整改，自检合格后再报专业监理工程师复查，未经复查的隐蔽工程不得隐蔽。 （3）监理方事先接到项目部的隐蔽工程检查验收申请，但未派出相关人员到场验收且口头上允许隐蔽的，项目部可自行隐蔽，但必须做好相关记录和留好现场自检的影像资料。事后项目代建监理机构认为有必要重新进行隐蔽检查的，项目部必须按要求重新进行隐蔽工程检查验收，如果检查结果有问题，重新隐蔽检查所发生的费用由项目部承担。项目部未提出检查验收申请，或经检查验收发现问题不按要求处理的的隐蔽工程，不得隐蔽、进行下道工序作业；否则项目代建监理机构有权要求项目部作返工处理，由此发生的一切费用由承包人承担。 4. 施工影像资料管理。 （1）本工程项目实行施工影像资料管理制度，凡在附表中明确的或其他有必要的项目，应按本制度要求，采取拍照、摄像等方式进行全方位、直观地记录施工现场的真实情况，通过真实、完整、连续的影像资料，反映工程建设的真实过程。 （2）各施工单位应安排专人负责整理影像资料，按照分项、分部工程及拍摄时间进行分类整理归档，以周为时间单位及时汇总、更新档案，电子存档和纸质存档需同步进行。所有影像资料必须妥善保存，不得遗失。 （3）施工现场拍摄时需有代建监理机构相关人员在场，其中重要部位和关键工序需有总监理工程师和代建监理机构质检人员在场。 （4）拍摄影像资料时，现场需备有约 A3 纸尺寸大小的白板，白板上标明拍摄部位、拍摄时间、里程桩号及施工单位在场责任人名字等信息，拍摄时施工单位在场责任人手持填写好的白板位于照片的一角。成像照片或视频应能清晰显示现场情况和清晰识别出白板上的信息。 （5）施工单位应配备相应的影像器材专门用于隐蔽工程施工现场拍摄，所拍摄的照片有效像素不低于 1000 万，动态视频输出图片尺寸不低于 1080P。 （6）隐蔽工程检查验收内容和隐蔽工程清单，每个隐蔽工程验收项目或者工序至少拍摄 2 张照片（如果 2 张照片不能反映隐蔽工程的质量状况，可根据实际情况增加照片的数量），照片要清楚，能真实反映出隐蔽工程隐蔽前的实际质量
12	质量控制抽检制度	（1）应审查施工单位提交的施工测量放线数据和成果，对从基准点引出的工程控制桩的重点桩位应复测不少于 30%，经复测不符合规定时应要求其重新测设。 （2）应审查施工单位报审的原材料和混合料试验资料，对主要原材料独立取样进行平行试验，审验合格、经批复后方可在工程上使用。 （3）应在施工单位自检合格的基础上按下列规定进行抽检，并填写抽检记录［记录表可按《监理规范》的要求填写］； 　　①对钢筋、水泥、沥青、石灰和碎石等原材料及水泥混凝土、沥青混合料和无机结合料稳定材料等混合料，抽检频率按批次应不低于规定施工检验频率的 20%

续上表

序号	名称	主 要 内 容
12	质量控制抽检制度	②对分项工程中的关键项目和结构主要尺寸,抽检频率应不低于规定施工检验频率的20%。 ③当监理工程师对工程材料或实体质量有疑问时,应进行抽检。 (4)对施工单位外部采购和委托制作的主要工程构配件或设备,应核查产品合格证明文件和施工单位自检报告,进场后对关键项目进行抽检,验收合格后方可使用。对在施工现场不具备检测条件的,应按合同约定到厂监督检验。 (5)应对施工单位报验的隐蔽工程进行检查验收,留存影像资料,未经验收或验收不合格的不得进行下一道工序施工。 (6)在收到分项工程交工或中间交工验收申请后,应对施工单位的检验评定资料进行检查,组织施工单位在现场代建监理机构抽检、检测见证和隐蔽工程验收基础上进行质量评定,对评定合格的签发《分项工程(中间)交工证书》(格式可参考《监理规范》)。同一个分项工程中间验收不宜超过2次。 (7)应及时组织对已完分部工程、单位工程和合同段进行质量检验评定,进行质量评定。 (8)在现场管理过程中发现施工不符合法律法规、技术标准及施工合同约定的,应要求施工单位改正,并应符合下列规定: ①质量不合格的材料、构配件不得在工程上使用。 ②对工程质量缺陷,应签发指令单(格式可参考《监理规范》),要求施工单位整改。 ③对质量不合格的工程,应签发指令单,要求施工单位返工处理。 ④对可能危及结构安全或存在重大隐患的质量问题,应签发停工令。 (9)应参加单位工程试验段、重要结构工程、重要隐蔽工程、单位工程及首件工程的验收工作。 (10)对于桥梁荷载试验、桩基承载力检测等特殊检验项目,代建监理一体化单位可委托有资质的试验检测机构进行检测
13	工程质量检查制度	1.巡视制度。 (1)在施工过程中监理机构应对施工单位主体责任落实情况、施工合同执行情况和质量安全保证体系运行情况进行监督检查。 (2)监理工程师应采取以巡视为主的方式进行施工现场监理,按计划定期或不定期巡视施工现场,对施工的主要工程每天不少于1次,并填写巡视记录。 (3)巡视应包括下列主要内容: ①现场管理人员特别是质量、安全管理人员是否到位,特种作业人员是否持证上岗。 ②是否按技术标准、工程设计文件、批准的施工组织设计和方案施工。 ③质量、安全、环保和施工标准化等措施是否落实,施工自检和工序交接是否符合规定。 (4)监理机构在监理过程中发现施工不符合法律法规、技术标准及施工合同约定的,应要求施工单位改正,并应符合下列规定: ①质量不合格的材料、构配件不得在工程上使用。 ②对工程质量缺陷,监理机构应签发监理指令单,要求施工单位整改。 ③对质量不合格的工程,监理机构应签发监理指令单,要求施工单位返工处理。 ④可能危及机构安全或存在重大隐患的质量问题应签发停工令并向项目法人报告。 ⑤当发生质量事故时,监理机构应按规定报告和处理。 ⑥监理机构应建立质量问题处理台账。 2.工程质量检查。 为确保工程质量能得到有效控制,代建监理机构应强化质量工作的管理力度,实行日常工程查工作,促使每一个施工者和管理者严格执行规范、标准,消除和杜绝质量通病。工程检查的主要内容: (1)检查施工单位的质量保证体系是否健全和完善。 (2)检查质量管理人员、试验检测人员、现场管理人员岗位是否配足,并能满足质量管理的要求。施工机械设备是否满足招标文件、合同文件及施工进度计划要求。试验室设备是否齐全,检测仪器是否满足工程质量要求。

续上表

序号	名称	主 要 内 容
13	工程质量 检查制度	(3)检查施工质量管理程序是否符合相关的法律、法规及规范要求。 (4)检查施工中实体工程质量及内业资料检查。 (5)检查质量管理的有关规定、措施是否落实。 (6)检查施工中是否严格按施工图图纸或批准的变更设计文件和施工技术规范标准施工。 (7)检查工程材料来源是否符合规定。 (8)检查工程开工、隐蔽工程检验,手续是否齐全完备。 (9)检查施工单位工程施工所采取的施工方法、施工程序、工艺是否满足工程质量的要求,是否经代建监理签认批准。 (10)检查代建监理是否对施工单位的不良质量管理和质量行为下达工作指令,施工单位是否认真执行
14	质量问题 处置 及上报制度	1. 质量缺陷的现场处理。 在各项工程的施工过程中或完工以后,如发现工程存在着技术规范所不容许的质量缺陷,应根据质量缺陷的性质和严重程度,按如下方式处理: (1)当因施工而引起的质量缺陷处于萌芽状态时,代建监理应及时制止,并要求施工单位立即更换不合格的材料、设备和不称职的施工人员;或要求立即改变不正确的施工方法及操作工艺。 (2)当因施工而引起的质量缺陷已出现时,代建监理应立即向施工单位发出暂停施工的指令(先口头后书面),待施工单位采取了能足以保证施工质量的有效措施,并对质量缺陷进行了正确的补救处理后,再书面通知恢复施工。 (3)当质量缺陷发生在某道工序或单项工程完工后,而且质量缺陷的存在将对下道工序或分项工程产生质量影响时,代建监理会同项目法人组织设计单位、施工单位及时对质量缺陷产生的原因及责任做出判定并确定了补救方案后,再进行质量缺陷的处理,处理完善后再进行下道工序或分项工程的施工。 (4)在交工使用后的缺陷责任期内发现施工质量缺陷时,施工单位应及时进行修补、加固或返工处理。 2. 质量缺陷的修补与加固。 (1)对因施工原因而产生质量缺陷的修补与加固,应先由施工单位提出修补方案及方法,经代建监理批准后方可进行。 (2)修补方案及方法不应降低质量控制指标和验收标准,并应符合相关技术标准。 (3)如果已完工程的缺陷属于施工单位的责任,修补缺陷的费用由施工单位自行负责。 3. 质量事故处理。 无论何时,一旦出现了技术规范所不容许的断层、裂缝、倾斜、倒塌、沉降、强度不足等情况的质量事故,应按如下程序及时处理: (1)代建监理应立即指令施工单位暂停该项工程的施工,并采取有效的安全措施。 (2)施工单位应及时组织相关人员进行现场调查、分析原因,查明事故详细情况,并详实地将该项工程名称、部位、事故原因、应急措施、处理方案及损失费用的"工程质量事故报告"上报代建监理。 (3)根据施工单位的质量事故调查报告,代建监理要求相关单位完成技术处理方案,经原设计单位同意签认,审核施工单位的书面处理方案,并及时将审核意见上报项目法人。 (4)技术处理方案经相关各方签认后,代建监理应要求施工单位制订详细的施工方案,对处理过程进行跟踪检查,对处理结果进行验收。 (5)质量事故处理完毕后,施工单位应提交复工申请,经代建监理批准后方可复工。 (6)代建监理将质量事故处理记录整理归档。

续上表

序号	名称	主 要 内 容
14	质量问题处置及上报制度	4.工程质量事故处理要求。 (1)发生工程质量事故后,施工单位要以最快的方式将事故的简要情况向代建监理报告,并在现场做必要处理防止事故进一步扩大。 (2)代建监理对工程质量事故按有关法规进行调查,代建监理机构和施工单位按照"四不放过"的原则认真进行处理。处理情况报项目法人审批。 (3)对破坏质量事故现场,隐瞒不报、谎报、拖延报告、提供伪证的单位和个人,按照有关规定进行处理,构成犯罪的,移交司法机关依法追究法律责任
15	工程质量分析制度	由于工程施工项目具有流动性,结构类型多样性,自然条件(地质、水文、气象、地形等)多变性,材料品种和规格差异性,现场施工复杂性,工艺要求不同性等特点,造成对工程质量影响的因素较多,在施工过程中容易引起系统性的质量变异,产生质量问题或严重的工程质量事故。为此,应制订质量问题分析制度,对出现的质量事故进行分析和处理,杜绝类似质量问题再次发生。 1.对于发生质量问题的工程必须进行质量分析,具体问题包括: (1)工程地质勘察资料原因分析。 (2)建筑材料及半成品质量原因分析。 (3)施工和管理问题分析,主要有: ①不熟悉图纸,盲目施工,图纸未经会审,仓促施工;未经监理、设计、咨询部门同意,擅自修改设计。 ②不按图纸施工。 ③不按有关施工、验收规范施工。 ④不按有关操作规程施工。 ⑤缺乏基本结构知识,野蛮施工。 ⑥施工管理紊乱,施工方案考虑不周,施工顺序错误。 ⑦自然条件影响。 2.撰写具体工程质量问题调查分析报告。 发现质量事故,应及时组织调查、分析,以查找原因,对症下药,提高工程质量。质量问题分析要力求全面、准确、客观,并由总工程师主持、安全质量部撰写调查分析报告。其内容包括: (1)工程概况:重点介绍事故有关部分的工程情况。 (2)事故情况:事故发生时间、性质、现状及发展变化的情况。 (3)是否需要采取临时应急防护措施。 (4)事故调查中的数据、资料。 (5)事故原因的初步判断。 (6)事故涉及人员与主要责任者的情况等。 3.质量问题的原因分析,要建立在事故情况调查的基础上,避免情况不明就主观推断事故的原因

2)项目质量保证体系

质量保证体系是控制工程质量的基础,各单位都必须建立完善的工程质量保证。它包括人员机构、规章制度、检测设备、检测手段、保证措施和持续改进措施等。

(1)代建监理建立以主任、常务副主任为组长、总工程师、副主任、总监理工程师为副组长,工程技术部、工程监理部、安全环保部、中心试验室、计划合约部等部门组成的质量管理领导小组,对本项目工程质量进行监督检查管理。工程质量保证体系见图4-2。

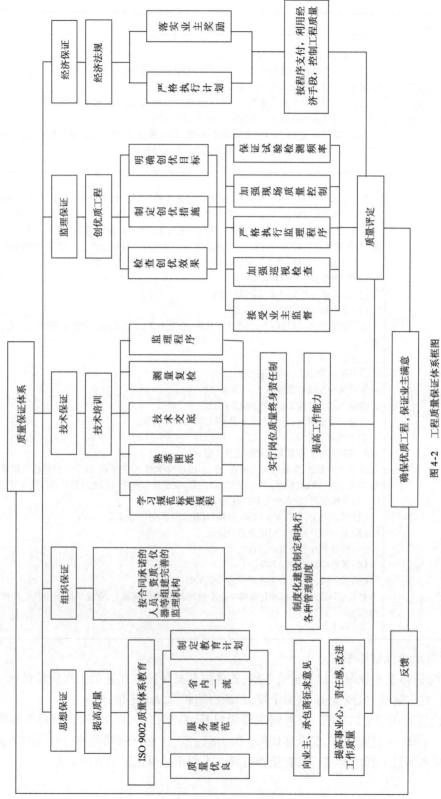

图 4-2 工程质量保证体系框图

(2)施工单位、代建监理机构必须建立完整的工程质量管理机制,完善质量保证体系,按照纵向到底、横向到边的原则进行合理的人员配置,并明确工作分工、工作界面和工作职责,认真落实质量岗位责任制,使质量管理工作规范化、制度化,真正做到层层有人管,事事有人抓,关关有人把。

(3)施工单位试验室、代建监理机构中心试验室必须合理配置检测、试验设备,完善检测系统,真正做到用科学数据指导生产。

(4)工程质量控制,实行"全方位控制,全过程控制,全员控制"的三全控制手段。

①全方位控制:从人员行为、工程材料、机械设备、施工工艺、管理制度、检测手段、施工组织、管理体系、经济管理、安全生产、内外工作协调等进行全面的质量控制。

②全过程控制:一个分项工程从施工图设计复核、现场放样、各种原材料的选择和进场控制,以及各工序从施工开始一直到该工程完工过程中的检查、验收等的每一个环节,都应严格按程序进行全面的质量控制。

③全员控制:凡参加项目建设的每一个人都要具有高度的事业心和强烈的责任感,增强质量意识,时时、事事按规范操作,严格程序,规范质量行为,坚持质量标准,创造出优良的工程质量。

(5)实行工程质量检查制度。查处、纠正违规行为,保证工程质量工作规范有序。

(6)实行工程质量举报制度,加大工程质量的监督力度。

3)项目质量计划

(1)项目质量计划应在项目管理策划过程中编制。项目质量计划作为对外质量保证和对内质量控制的依据,体现项目全过程质量管理要求。

(2)项目质量计划编制依据应包括下列内容:

①合同中有关产品质量要求;

②项目管理规划大纲;

③项目设计文件;

④相关法律法规和标准规范;

⑤质量管理其他要求。

(3)项目质量计划应包括下列内容:

①质量目标和质量要求;

②质量管理体系和管理职责;

③质量管理与协调的程序;

④法律法规和标准规范;

⑤质量控制点的设置与管理;

⑥项目生产要素的质量控制;

⑦实施质量目标和质量要求所采取的措施;

⑧项目质量文件管理。

(4)单位工程质量计划。

①施工质量计划,在项目质量计划及施工组织设计的基础上,采用质量计划管理手段进行质量控制。施工质量计划是对具体工程、工序、人员等作出明确的安排,对施工过程可能影响

工程质量的环节进行控制,以合理的组织结构、合格的人员、必要的控制手段确保工程质量。

②单位工程质量计划大纲:工程概况;质量方针和质量目标;主体内容和使用范围;采取的标准和定义;质量体系要素(组织机构、岗位职责、质量体系、合同评审);文件控制(文件的管理、质量记录的管理);物资管理(物资的采购、物资的验证、物资的标识、物资搬运、保管、贮存);过程控制(开工前过程控制、施工过程控制、交工及验收控制);检验和试验(过程检验和试验、检验、测量和试验设备的控制);不合格品的控制;纠正和预防措施;培训;质量统计。

③单位工程质量计划控制程序:承包人对所承担的工程或服务的总体质量计划应在签订合同后28d内提交监理人;总体质量计划采用监理人、代建监理机构分级审查,监理人批准的方式进行审批;承包人填写《高速公路总体质量计划审批单》一式五份,上报监理处审查;承包人应按会议决策意见完善总体质量计划并报监理处,总监理工程师批准后由承包人组织实施。

各参建单位必须编制分项工程质量计划并向代建监理机构监理处、工程处报备。各分项工程开工前,监理人必须编制分项监理计划和试验检测计划。各分项工程开工前,承包人必须编制分项施工质量计划并通过监理人的审批。

在编制质量计划的同时,承包人和监理人必须研究、编制试验检测计划并报备代建监理机构质量安全部,即按照生产操作及适当的检验工作、验收标准及控制文件、验收文件、工作状态等内容,对施工准备、原材料进场检验、各工序检验、分项工程报验、交工验收等工作作出明确规定。

分项工程质量计划和试验检测计划作为开工报告的重要内容之一,未经批准,承包人不得开工。

4)项目质量管理程序

(1)开工申请。

工程开工包括总体开工和分部、分项工程开工,总体开工详见第三章,以下为分部、分项工程开工内容。

①承包人对照《公路工程质量检验评定标准》(JTG F80)的规定,划分本标段的单位、分部、分项工程,报代建监理机构审批后实施。

②承包人具备合同段总体开工条件后,向代建监理机构提出书面开工申请,由代建监理机构组织有关职能部门对合同段工程的开工条件进行核查。具备开工条件的,由总监签发合同段工程总体开工令。

③分部工程及主要分项工程开工前14d,承包人应向代建监理机构分部提出开工申请,由代建监理机构分部审查其开工条件和施工方案,对满足条件的分部工程及主要分项工程予以批复。

④代建监理机构对承包人所报资料逐项进行审查,在审批分部工程和首次申请的主要分项工程开工申请时,掌握以下原则:

a.开工前所采用的设计图纸必须经过复核无误。

b.人员、材料、机械设备配备满足合同要求和施工需要。

c.未经检验认可的材料不准使用。

d. 未经批准的施工工艺不准采用。

(2)原材料和工序质量检查。

承包人应按照批准的工艺流程和工序检查程序,在原材料进场或每道工序完成后进行自检,自检合格后填报施工原始记录表,承包人质检部门应对全部材料和工序进行复检,复检合格后签认原始记录及工程质量检验报告单,并报代建监理机构分部。代建监理机构分部按规定频率进行质量抽检。

(3)中间交工。

①承包人对分项工程按《公路工程质量检验评定标准》(JTG F80)所列基本要求、实测项目和外观鉴定进行自检,提交真实、完整的自检资料,对分项工程质量进行自我评定。

②首次申请交工的主要分项工程,承包人自检合格后,填报《中间交工验收申请》,代建监理机构组织检查验收合格后,签发《中间交工证书》。

③其他分项工程和分部工程,承包人自检合格后,填报《中间交工验收申请》,代建监理机构分部组织检查验收合格后,签发《中间交工证书》。

④代建监理机构分部负责分项工程和分部工程的中间交工,以及分部工程的质量评定;代建监理机构负责单位工程和合同段工程质量评定。

(4)合同段交工和质量评定。

①承包人项目完工后,提出交工申请,代建监理机构分部组织初验合格后,由代建监理机构组织交工验收。

②承包人对工程质量自检合格,代建监理机构分部对分部工程质量评定合格,代建监理机构根据对工程质量的检查情况,对代建监理机构分部所做的分部工程质量评定进行审定,并组织进行单位工程和合同段工程质量评定。

质量管理流程见图4-3。

5)质量工作事前、事中、事后控制

(1)质量工作事前控制。

设计交底前,熟悉施工图纸,并对图纸中存在的问题通过建设单位向设计单位提出书面意见和建议。

参加设计交底及图纸会审,签认设计技术交底纪要。

开工前审查施工承包单位提交的施工组织设计或施工方案,签发《施工组织设计(方案)报审表》,并报建设单位批准后实施。

审查专业分包单位的资质;符合要求后专业分包单位可以进场施工。

开工前,审查施工承包单位(含分包单位)的质量管理、技术管理和质量保证体系,符合有关规定并满足工程需要时予以批准。

审查施工承包单位报送的测量方案,并进行基准测量复核。

建设单位宣布对总监理工程师的授权,施工承包单位介绍施工准备情况,总监理工程师做监理交底并审查现场开工条件,经建设单位同意后由项目总监理工程师签署施工单位报送的《工程开工报审表》。

对符合有关规定的用于工程的原材料、构配件和设备,使用前施工承包单位通知监理工程师见证取样和送检。

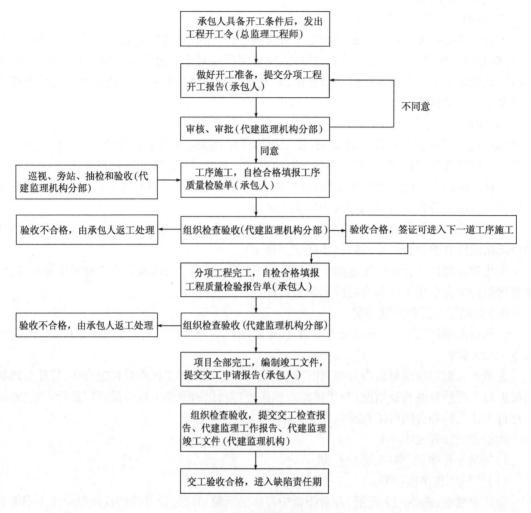

图 4-3 质量管理流程图

负责对施工承包单位报送本企业试验室的资质进行审查,合格后予以签认。

负责审查施工承包单位报送的其他报表。

(2)质量工作事中控制。

①关键工序的控制过程:

a. 应在施工组织设计中或施工方案中明确质量保证措施,设置质量控制点。

b. 应选派与工程技术要求相适应等级的施工人员。

c. 施工前应向施工人员进行施工技术交底,保存交底记录。

d. 专业监理工程师负责审查关键工序控制要求的落实。施工承包单位应注意遵守质量控制点的有关规定和施工工艺要求,特别是停止点的规定。把控好质量控制点,提前通知专业监理工程师进行验收。

②检验批工程质量控制过程。

③分项工程质量控制过程。

④分部工程质量控制过程。

(3)质量工作事后控制。

①专业监理工程师组织施工承包单位项目专业质量(技术)负责人等进行分项工程验收。

②总监组织相关单位的相关人员进行相关分部工程验收。

③单位工程完工后,施工承包单位应自行组织有关人员进行检查评定,并向建设单位提交工程验收报告。总监理工程师组织由建设单位、设计单位和施工承包单位参予的单位工程或整个工程项目初验工作,施工承包单位给予配合,及时提交初验所需的资料。

④总监理工程师对验收项目初验合格后签发《工程竣工报验单》,并上报建设单位,由建设单位组织有监理单位、施工承包单位、设计单位和政府质量监督部门等参加质量验收。

6)工程质量控制策划

(1)设计质量控制应包括下列流程:

①按照设计合同要求进行设计策划。

②根据设计需求确定设计输入。

③实施设计活动并进行设计评审。

④验证和确认设计输出。

⑤实施设计变更控制。

(2)采购质量控制应包括下列流程:

①确定采购程序。

②明确采购要求。

③选择合格的供应单位。

④实施采购合同控制。

⑤进行进货检验及问题处置。

(3)施工质量控制应包括下列流程:

①施工质量目标分解。

②施工技术交底与工序控制。

③施工质量偏差控制。

④产品或服务的验证、评价和防护。

(4)项目质量创优控制宜符合下列规定:

①明确质量创优目标和创优计划。

②精心策划和系统管理。

③制订高于国家标准的控制准则。

④确保工程创优资料和相关证据的管理水平。

(5)分包的质量控制应纳入项目质量控制范围,分包人应按分包合同的约定对其分包的工程质量向项目管理机构负责。

7)工程质量奖罚激励

(1)建立工程质量优质优价奖罚制度,提高工程质量和建设管理水平,具体实施意见如下:

项目建立高速公路工程优质优价奖罚制度,在招标文件或施工合同专用条款列出或补充协议中明确。

建设项目各合同段施工图(清单)汇总预算在不超批复设计概算(指"建安工程、设备购置费用"静态部分)前提下,按照专用条款约定,按投标报价的2.5%(指2.5%及以下,为工程量清单第200章至第900章费用),计提作为"优质优价"奖罚价款列入合同,对施工质量进行评比与奖罚。

(2)优质优价原则。

当工程质量达到优质,才能获得奖励,未获奖励则视为处罚,奖励金为工程质量达优奖励专款。奖励金未发生部分用于冲减建设成本;优胜奖资金应在项目内统筹使用。

若承包人在项目竣工验收时工程质量评分未达优良等级,代建监理机构将全额扣回该承包人在施工过程中所获得的全部质量奖励金。

奖励价款可列入工程结算和项目竣工决算,最终确认以交通主管部门批复为准。

4.1.4 质量管理检查

1)一般规定

(1)工程质量责任登记。应按《关于严格落实公路工程质量责任制的若干意见》(交公路发〔2008〕116号)的规定进行工程质量责任登记。

(2)施工组织质量内容审查。应审查施工单位报告的施工组织设计中关于质量方面的内容。审查应符合《公路工程施工监理规范》(JTG G10)第4.2.1条的规定。

(3)审批试验检测计划。应审批施工单位和试验检测机构报审的试验检测计划。应从五个方面对计划进行审查并出具审批意见:一是计划应符合合同约定;二是技术与组织两部分内容的一致性;三是计划能为实现目标提供明确的路径;四是计划能为组织实施提供明确的依据;五是计划能为过程控制提供明确的标准。

(4)核查质量保证体系。应依据批复的质量保证体系,对施工单位的质量保证体系建立情况进行现场检查核实,并出具核查意见。

(5)核查工地试验室。应依据的试验检测计划,对施工单位和试验检测机构的工地试验室建设情况进行现场检查核实,并出具核查意见。

(6)申请工程质量监督。应按项目所在地质量监督机构的规定,向质量监督机构申请工程质量监督。

(7)审核工程划分。应审核施工单位提交的单位、分部、分项工程划分,并出具审核意见。工程划分应列出所有的单位、分部、分项工程,并按统一的规则分类编号标明主要分项工程。

(8)核查和平行复测原始基准点。应为对施工单位提交的原始基准点的复测结果进行核查和平行复测,并出具核查意见。

2)分部、分项工程开工

(1)审批分部、分项工程开工。应按《公路工程施工监理规范》(JTG G10)第5.1.1条(表4-3)的规定审批分部、分项工程开工申请,并出具审批意见。

分部、分项工程开工审批规定 表4-3

内 容
5.1.1 监理机构应对施工单位提交的分部工程及主要分项工程开工申请进行审查并在规定的期限内批复。审查于包括下列基本内容： 1.施工方案及主要施工工艺控制要点是否符合有关技术标准。 2.技术、质量和安全管理人员及主要操作人员等的配备是否满足施工合同要求和施工需要

(2)审批分部、分项工程开工内容。

①施工方案报批单(附施工方案：包含工程概况、施工工艺方案、机械设备配置、人员组合、进度计划安排、质量控制指标、试验检测频率、质量、安全、环保体系)。

②现场材料确认单。

③进场设备报验单。

④进场管理人员报验单(附：进场施工人员报验单)。

⑤施工放样报验单。

⑥标准试验批复单(试验表格)。

⑦施工安全技术交底(含签到表)。

⑧施工技术、质量控制交底(含签到表)。

3)工程材料试验检测

(1)标准试验事前审验材料。按《公路工程施工监理规范》(JTG G10)第5.2.2条的规定和《公路工程施工监理规范实施手册》第5.2.2条的规定事前审验材料，并应符合下列规定，出具审验意见。

①混凝土配合比设计应符合公路施工质量控制有关规定。

②预应力孔道压浆应采用专用的压浆料或专用压浆剂配置的浆液。压浆材料应进行现场检验。施工单位应进行压浆液试验室试配、生产配合比验证，经试验的浆液其各项性能指标均能满足规范要求后方可使用。对浆液配合比进行验证，审验合格，经批复后方可在工程上使用。

(2)永久性工程材料。进场后，承包人按规范要求的批次和抽检频率进行抽检试验，不具备试验条件的，应见证取样送至具有相应资质的检测单位进行试验，同时对主要材料进行抽检。代建监理单位应按《公路工程施工监理规范》(JTG G10)第5.2.3条的规定对主要材料进行抽检，完成《材料抽检试验报验单》，并应符合下列规定：

支座、锚具、钢绞线、防水板、土工格栅、沥青等材料执行"来样封存制""盲样送检制""产品厂验制"等三项基本制度。

各种原材料、半成品、成品应按其检验状态和结果、使用部位等进行标识，必须建立详细的水泥、钢筋、钢绞线、锚夹片、支座、土工材料等材料或半成品调拨使用台账，使之具有追溯性。

(3)材料外观尺寸及包装、质量保证书、型号、批次、数量等检查。现场监理，在工程材料使用前，合适施工、监理抽检试验资料，签认《现场材料报验单》，确认合格材料方可使用。

(4)《公路工程施工监理规范》(JTG G10)相应内容见表4-4。

《公路工程施工监理规范》(JTG G10)相应内容 表4-4

内　容
5.2.2　监理机构应审查施工单位申报的原材料和混合料试验资料,对主要原材料独立取样进行平行试验,对主要混合料的配合比和路基填料的击实试验结果进行验证,审验合格、经批准后方可在工程上使用。 5.2.3　监理机构应在施工单位自检合格的基础上按下列规定进行抽检,并填写抽检记录(格式见附录B.3): 1.对钢筋、水泥、沥青、石灰和碎石等原材料及水泥混凝土、沥青混合料和无机结合料稳定材料等混合料,抽检频率按批次应不低于规定施工抽检频率的20%。 5.2.4　对施工单位外部采购和委托制作的主要工程构配件或设备,监理工程师应该核查产品合格证明文件和施工单位自检报告,进场后对关键项目进行抽检,验收合格后方可使用。对在施工现场不具备检测条件的,监理工程师应按合同约定到厂监督检验

4)工程测量复查抽检

(1)开工前交接桩。

①现场交接桩由项目办组织,设计、施工等单位参加,现场交接桩完成后,形成现场交接桩工作纪要和交接记录。

②设计单位现场移交的控制桩,除移交本标段的控制桩外,同时平面控制桩应延伸至相邻标段不少于2个控制桩,高程控制桩不少于1个。桩橛的保管由本标段施工单位负责。

(2)复测。

①施工单位对设计单位移交的测量成果进行复测,复测结果在《工程测量规范》(GB 50026—2020)、《测绘产品检查验收规定》(CH 1002—95)、《测绘产品质量评定标准》(CH 1003—95)允许的范围内时,由施工单位自行调整;超出规范允许范围时,应及时向项目办工程处报告,由设计单位进行复核调整并签认,否则不得作为施工依据。

②在进行控制点复核及控制点加密时,必须与相邻标段附合,平面控制桩应覆盖相邻标段2个,高程与相邻标段覆盖时不少1个水准点。

③所有控制点加密测量时应在监理工程师在场的情况下进行,监理工程师对重要的控制桩要进行独立的平行测量,测量结果相互校核。

④复测工作完成后,报监理工程师复核、签认。复测的成果和资料及时归档保存。

⑤各代建监理机构分部必须保证两名以上有资质的测量工程师,人员配备以确保施工需要。

(3)施工过程测量。

①施工测量放样应严格执行复核制度,过程符合测量规程,资料完整。各分项工程施工前上报测量放样报验单及测量资料,报项目办测量工程师复核后方可进行施工。

②一切测量计算至少由两人独立完成,必须遵循单记录双复核、相互核对计算结果,确保内、外业成果无误。当发现记录错误时,复核人必须让记录员重新计算进行确认。

③对无可靠防止测量错误的成果,应进行同精度复测或用不同方法、不同仪器复测,两次测量成果的差异,不得超过测量规范的规定。

④孔桩、承台、墩身、垫石、架梁施工前,由项目部放样自检合格后把相关资料报项目办工程处确认后。才能进入下道工序施工。

⑤在隧道开挖前一般要建立具有必要精度的、独立的隧道洞外施工控制网后方可使用。

⑥洞口开挖的工作面时,按照规定的精度在预定位置贯通,保证洞内各项建筑物以规定的精度按照设计位置修建,不得侵入建筑限界。

⑦施工测量过程中,以隧道测设中线为准,控制测量和洞内中线、高程施工测量,并采用附合导线或闭合导线环形式加强自检自核。

(4)施工测量成果资料管理。

①项目部应加强对施工测量资料的管理,提高工作效益,更好地为现场施工服务。

②资料保管应实行专人负责,固定专柜存放并登记成册,建立健全相应的资料保管制度,资料在使用过程中的借出与收回都要进行登记。

③原始记录清楚,严禁随意涂改。

(5)竣工测量。

单位工程完工后,按竣工文件及规范的要求,恢复中线桩,加密中线桩,进行断面测量。竣工测量资料记录完整、签署完善、归档及时。

5)工程质量巡视检查

(1)巡视施工的主要工程。应按《公路工程施工监理规范》(JTG G10)第5.1.3条的规定和《公路工程施工监理规范实施手册》第5.1.3条的规定进行巡视。主要工程详见《公路工程施工监理规范实施手册》表5-2。

(2)《公路工程施工监理规范》(JTG G10)相关内容见表4-5。

《公路工程施工监理规范》(JTG G10)相关内容   表4-5

内　　容
5.1.3　监理工程师应采取以巡视为主的方式进行施工现场监理,按计划定期或不定期巡视施工现场,对施工的主要工程每天不少于1次,并填写巡视记录(格式见本规范附录B.1)。巡视应包括下列主要内容: 1. 现场管理人员特别是质量、安全管理人员是否到位,特种作业人员是否诗持证上岗。 2. 是否按技术标准、工程设计文件、批准的施工组织设计和方案施工。 3. 质量、安全、环保和施工标准化等措施是否落实,施工自检和工序交接是否符合规定

6)项目工艺旁站施工

(1)旁站项目工艺过程旁站。应按《公路工程施工监理规范》(GTG G10)相关内容见表4-6。

《公路工程施工监理规范》(JTG G10)相关内容   表4-6

内　　容
5.1.4　监理机构应安排监理人员对本规范附录A所列旁站项目的施工过程进行旁站,对主要工程的关键项目进行检测见证,并填写旁站记录(格式见本规范附录B.2),签认检测见证结果

(2)旁站监理是质量管理的一个重要环节和手段。

根据"代建监理一体化"模式的特点和现场实际需要,结合现代信息、远程监控等技术手段的运用,对隐蔽工程、重要工程或关键工序及首件工程,由代建监理机构分部安排助理工程师进行旁站。

助理工程师对规定的隐蔽工程、重要工程或关键工序、首件工程的施工工艺过程进行监督,并按要求填写旁站记录,承包人必须在表4-7规定的工序或部位施工开始前24h通知代建监理分部。

旁站工序或部位一览表　　　　　　　　　　　　　　表4-7

单位工程	分部工程		分项工程	旁站项目
路基工程	土石方工程		土方路基、石方路基	试验段
			软土地基处治、土工合成材料处治层	试验段
路面工程	路面工程		基层、底基层	试验段
			沥青面层	试验段
			水泥混凝土面层	试验段,摊铺
桥梁工程	基础及下部结构		桩基	试桩,钢筋笼安放、首盘混凝土浇注
			地下连续墙	首盘混凝土浇注
			沉井	定位、下沉、浇注封底混凝土
	上部结构	预制和安装	预应力筋加工和张拉	试验工程、首次张拉、首次压浆
			转体施工梁、拱	桥梁预制、接头混凝土浇注
			吊杆制作和安装	穿吊杆、预应力束张拉、首次压浆
		现场浇筑	预应力筋加工和张拉	张拉、首次压浆
			悬臂浇筑梁,主要构件浇筑	主梁段混凝土浇注、首次压浆
			劲性骨架混凝土拱、钢管混凝土拱	混凝土浇注
	桥面系及附属工程		桥面铺装	试验段
			钢桥面上沥青混凝土铺装	试验段,沥青混凝土摊铺
			大型伸缩装置安装	首件安装
隧道工程	洞身衬砌		支护、钢支撑	试验段
			混凝土衬砌	试验段
	路面		面层	同路面工程
交通工程	交通安全设施		护栏	混凝土护栏	首段混凝土浇注
	机电工程		监控、通信、收费、配电、隧道机电设施的主要分项工程	首件施工
附属设施			服务区、收费站等建筑工程的地基与基础、主体结构	首件施工

7)工序、工程抽检验收

(1)全面落实代建监理机构《质量工序控制管理制度》《试验检测管理制度》,以《公路工程施工监理规范》(JTG G10)、《公路工程质量检验评定标准》(JTG F80)为依据,重点对施工过程中使用的主要原材料、各种混合料及已完工程实体质量进行抽检。抽检频率如下:

①主要关键项目检测见证。应按《公路工程施工监理规范》(JTG G10)第5.1.4条的规定进行检测见证。

②主要材料抽检。应按《公路工程施工监理规范》(JTG G10)第5.2.3条第1款的规定进行主要材料抽检。并应符合下列规定：

③支座、锚具、钢绞线、防水板、土工格栅、沥青等材料执行"来样封存制""盲样送检制""产品厂验制"等三项基本制度。

④各种原材料、半成品、成品应按其检验状态和结果、使用部位等进行标识，必须建立详细的水泥、钢筋、钢绞线、锚夹片、支座、土工材料等材料或半成品调拨使用台账，使之具有追溯性。

⑤分项工程关键项目抽检。应按《公路工程施工监理规范》(JTG G10)第5.2.3条2款的规定对分项工程的关键项目进行抽检。

⑥分项工程结构主要尺寸抽检。应按《公路工程施工监理规范》(JTG G10)第5.2.3条2款的规定对分项工程的结构主要尺寸抽检。

⑦无损检测。对桥梁、基桩、梁板、隧道初支厚度、钢支撑间距、二衬厚度、二衬与初期支护之间是否存在空洞等主要指标进行无送检测。

⑧构配件验收。应按《公路工程施工监理规范》(JTG G10)第5.2.5条的规定对构配件进行验收，并出具验收意见。

⑨隐蔽工程质量验收。应按《公路工程施工监理规范》(JTG G10)第5.2.5条的规定对隐蔽工程质量进行验收并出具验收意见。

(2)《公路工程施工监理规范》(JTG G10)和《公路工程质量检验评定标准》(JTG F80)相关规定见表4-8和表4-9。

《公路工程施工监理规范》(JTG G10)抽检相关规定　　　　表4-8

项　目	内　容
见证	5.1.4　监理机构应安排监理人员对本规范附录A所列旁站项目的施工过程进行旁站，对主要工程的关键项目进行检测见证，并填写旁站记录(格式见本规范附录B.2)，签认检测见证结果
抽检	5.2.3　监理机构应在施工单位自检合格的基础上按下列规定进行抽检，并填写抽检记录(格式见本规范附录B.3)： 1. 对钢筋、水泥、沥青、石灰和碎石等原材料及水泥混凝土、沥青混合料和无机结合料稳定材料等混合料，抽检频率按批次应不低于规定施工抽检频率的20%。 2. 对分项工程中的关键项目和结构主要尺寸，抽检频率应不低于规定施工检验频率的20%
设备、构配件	5.2.4　对施工单位外部采购和委托制作的主要工程构配件或设备，监理工程师应该核查产品合格证明文件和施工单位自检报告，进场后对关键项目进行抽检，验收合格后方可使用。对在施工现场不具备检测条件的，监理工程师应按合同约定到厂监督检验
隐蔽工程	5.2.5　监理工程师应对施工单位报验的隐蔽工程进行检查验收，留存影像资料，未经验收或验收不合格的不得进行下一道工序施工

《公路工程质量检验评定标准》(JTG F80)相关规定　　　表4-9

内　容

4.3.2 填石路基实测项目应符合表4.3.2的规定。

表4.3.2 填石路基实测项目

项次	检查项目		规定值或允许偏差		检查方法和频率
			高速公路一级公路	其他公路	
1△	压实①		孔隙率满足设计要求		密度法：每200m每压实层测1处
			沉降差≤试验路确定的沉降差		精密水准仪：每50m测1个断面，每个断面测5点
2△	弯沉(0.01mm)		不大于设计值		按附录J检查
3	纵断高程(mm)		+10，-20	+10，-30	水准仪：中线位置每200m测2点
4	中线偏位(mm)		≤50	≤100	全站仪：每200m测2点，弯道加HY、YH两点
5	宽度(mm)		满足设计要求		尺量：每200m测4点
6	平整度(mm)		≤20	≤30	3m直尺：每200m测2处×5尺
7	横坡(%)		±0.3	±0.5	水准仪：每200m则2个断面
8	边坡	坡度	满足设计要求		尺量：每200m测4点
		平顺度	满足设计要求		

注：上下路床填土时压实度检验标准同土方路基。

说明：监理抽检的关键项目：1△和2△两项为主要项目，关键尺寸为第5项宽度

8) 实施首件试验工程

"首件工程认可制"的实施原则是超前控制，做好首件，典型示范，带动全面。确定最佳工艺，树立示范工程，以指导后续工程批量生产，预防后续批量生产中可能产生的质量问题，可有效减少返工损失，缩短施工工期。

"首件工程认可制"是指在一个分项工程正式开工前，必须先做好首件实体工程，并以此作为同类分项工程的样板进行推广。贯彻以工序保分项、以分项保分部、以分部保单位、以单位保总体的质量创优保障原则，从而推动整个工程的规范标准作业，以达到整个工程高标准、高质量的目标。

"首件工程认可制"以施工标段为基本单位，凡未经首件工程认可的分项工程，一律不得批量生产。

(1)实施首件试验工程的范围。

以下工程项目应在分项工程开工前按施工合同段实施首件试验工程(如建设单位的要求超出此范围的，从其规定)：

①路基工程：不同压实标准及不同填料的路基试验段、地基处理、台(墙)背填筑、排水沟、边沟及截水沟。

②路面：底基层、基层、透层、封层、桥面防水层、沥青混凝土面层、水泥混凝土面层。

③小型结构物：涵洞、通道的首节段涵身。

④桥梁：桩基、地下连续墙、圆柱墩、薄壁墩、盖梁、各类型梁板预制及安装、结构连续

段施工、现浇及悬浇箱梁、各类型预应力张拉及压浆、桥面铺装、防撞墙、大型伸缩装置安装。

⑤隧道:钢架加工及安装、防水层铺设、二次衬砌。

⑥绿化工程:客土喷播。

⑦交通安全设施:混凝土护栏、波形护栏、标线、隔离栅。

⑧机电工程:中央分隔带管线的预埋、收费岛设备的安装。

⑨现场预制的小型预制件:小结构物盖板、边沟或排水沟盖板、隧道排水沟、隧道电缆沟盖板等。

(2)首件试验工程验收的程序及职责。

所有首件试验工程在施工前,施工单位必须提前48h向代建监理机构提出书面申请,申请的内容应包括首件试验工程的部位、规模、方案编制及审批情况、原材料试验情况、拟采用的设备、工艺参数及人员配备情况等,经代建监理机构批准后方可实施。必要时由代建监理机构通知建设单位参加。

首件试验工程施工过程中,代建监理机构组织监理人员按《公路工程施工监理规范》(JTG G10)的要求对该项工程进行旁站、巡视、抽检及验收,监督施工方案执行情况及施工单位自检情况。

首件完工后,经施工单位自检合格并填写相关检验资料后,方可组织首件试验工程验收工作。

首件验收小组由总监理工程师或副总监理工程师、总监代表担任组长,由代建监理机构、驻地组相关专业监理工程师、监理人员及施工单位总工、质检负责人组成,必要时约请建设单位代表及设计代表。

首件验收小组对首件试验工程项目进行现场验收,统一意见后由组长在《首件试验工程验收表》中填写验收意见。

首件试验工程未通过现场验收的,施工单位应再次执行本制度规定的程序,直至通过验收为止。

首件试验工程经现场检验合格后,施工单位应向代建监理机构提交书面总结报告,报告中应包括首件试验工程的概况、施工情况、自检及验收情况、存在的问题及改进措施等,重点对材料、设备配备和施工方法、工艺参数等进行描述,施工技术规范中有明确总结要求的应从其规定。

代建监理机构在审核首件试验工程总结报告后,方可批复该类分项工程开工申请或准予大规模施工。

(3)首件试验工程验收后的培训。

施工单位的首件试验工程验收完成后,驻地组长或专业监理工程师应结合首件试验工程验收情况对现场监理员进行专项培训,明确设计、规范及验收标准要求,及首件试验工程确定的材料、施工方法、工艺参数及设备组合,以提高监理员的现场监理水平。

代建监理机构应总结各施工单位的同类首件试验工程实施情况及存在的问题,必要时应提出统一要求,并组织对现场监理人员的培训。

首件试验工程控制见图4-4。

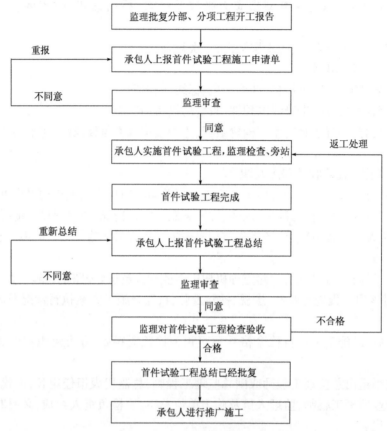

图 4-4 首件试验工程实施程序框图

9)创建品质示范工程

(1)交通运输部颁发的《关于开展公路水运品质工程示范创建工作的通知》《关于打造公路水运品质工程的指导意见》文件,以开展品质工程创建活动,带动工程质量改进。通过精细化管理,标准化工艺施工,引领质量提升。

(2)重点工程控制点。

①路基工程控制重点有:

路基填方和挖方区清表、软基换填。

路基填筑时严格用石灰线打方格网、挂线,控制层铺厚度。

粉喷桩、碎石桩、水泥粉煤灰碎石(CFG)桩等施工过程中加强巡视,及时核对材料用量,通过第三方检测单位检测结果验证和评定桩的质量。

加强桥涵台背、锥坡填筑质量过程控制。防护排水小型预制构件进行统一预制。

②桥梁工程控制点有:

桩基在安装钢筋笼和浇筑首盘混凝土时,助理工程师必须全过程旁站。

桩基、墩柱钢筋笼,盖梁钢筋应在钢筋加工厂集中使用定位架进行标准化加工,再进行吊装。

混凝土拌合站必须按照招标文件技术规范和部颁《高速公路施工标准化技术指南》的要求设置,并做好场区、道路硬化,料仓分隔到位。

预制场建设必须按照招标文件技术规范和部颁《高速公路施工标准化技术指南》的要求先设计,经代建监理机构审批后,再进行建设。预制场必须配备喷淋养生或蒸汽养生设备,梁板钢筋骨架必须使用标准"定位架法"或"胎架法"制作,确保钢筋间距100%合格,波纹管定位准确。代建监理机构分部安排专人进行管理。

预应力张拉与管道压浆必须采用智能张拉和真空辅助压浆技术,以提高压浆质量的稳定性。

桩基检测、梁板静载、全桥动静载试验委托检测单位进行试验检测,代建监理机构对检测发现的问题,督促承包人及时整改或返工。

③涵洞工程控制点。

涵洞工程开工前,代建监理机构分部应组织设计、承包人和地方政府各方复核设计的合理性和准确性,并对涵洞的进出口高程、涵洞长度、角度、进出口形式等进行计算复核。

检测涵洞基底开挖的地基承载力。

圆管涵管节必须采取集中预制。

④隧道工程控制点。

根据围岩实际情况,及时调整隧道初支设计。对于系统锚杆,应根据围岩级别和类型进行动态管理,尽量取消或减少;锁脚锚杆可根据围岩情况适当加强。

岩体注浆,导管、管棚注浆,应现场验证其必要性,如确需注浆,助理工程师必须全过程旁站,以确保注浆效果。

加强防排水施工质量管理,按设计和现场渗水情况酌情调整。

隧道初期支护、二次衬砌等委托检测单位进行试验检测。代建监理机构对检测发现的问题,督促承包人及时整改或返工。

⑤路面工程控制点。

路面拌合站严格按《高速公路施工标准化技术指南》的要求进行建设。

水稳、沥青混合料严格按照施工配合比进行拌制,代建监理机构分部安排专人对拌合站进行管理。

做好路面摊铺的事中控制和事后控制,摊铺的每层沥青需按路面厚度、平整度、宽度等进行检测。

(3)工程图片见表4-10。

工程图片 表4-10

工序	图片	工序	图片
桩基环切法施工		边沟	

续上表

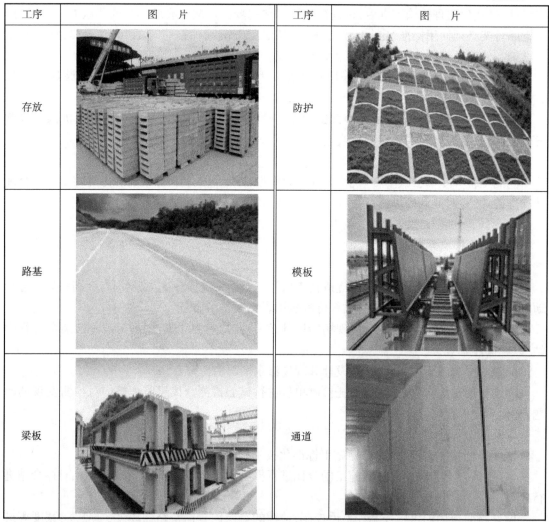

10）分部工程验收评定

（1）工序验收。控制与验收详见《公路工程施工监理规范实施手册》表5-3。

（2）分项工程交工验收。应按《公路工程施工监理规范》(JTG G10)第5.2.6条的规定对分项工程进行交工验收并出具验收意见。

（3）分部工程质量检验评定。应按《公路工程施工监理规范》(JTG G10)第5.2.7条的规定和《公路工程施工监理规范实施手册》第5.1.3条的规定对分部工程质量进行检验评定并出具检验评定意见。

（4）单位工程质量评定。应按《公路工程施工监理规范》(JTG G10)第5.2.7条的规定和《公路工程施工监理规范实施手册》第5.1.3条的规定对单位工程质量进行检验评定并出具检验评定意见。

（5）合同段工程质量评定。应按《公路工程施工监理规范》(JTG G10)第5.2.7条的规定和《公路工程施工监理规范实施手册》第5.1.3条的规定对合同段工程质量进行检验评定并出具检验评定意见。

(6)工艺试验验证。应相关规定对压浆试验梁(段)进行验证。

(7)大型临时设施建设管理。按相关规定对混凝土搅拌站、预制梁场、隧道洞口临建、钢筋加工厂、黑白站等大型临时设施的专项方案和设计图纸进行审查,完工后进行验收。

(8)《公路工程施工监理规范》(JTG G10)相关验收及评定条款见表4-11。

《公路工程施工监理规范》(JTG G10)相关验收及评定条款　　表4-11

内　　容
5.2.6　代建监理机构在收到分项工程交工或中间交工验收申请后,应对施工单位的检验评定资料进行检查,组织施工单位在监理抽检,检测见证和隐蔽工程验收基础上进行质量评定,对评定合格的签发《分项工程中间交工证书》[格式见《公路工程施工监理规范》(JTG G10)附录C]。同一个分项工程中间验收不宜超过2次。
5.2.7　代建监理机构应及时对已完分部工程进行治疗检验评定,代建监理机构应及时组织对单位工程和合同段进行质量评定
工程评定表格见工程用表章节

4.1.5　质量事故处置

1)定义

工程质量事故是指由于勘测、设计、施工、监理、试验检测等责任过失而使工程在施工过程及设计使用年限内遭受损毁或产生不可弥补的本质缺陷或因施工管理不善造成施工现场发生爆炸、塌方、构造物倒塌造成人身伤亡、财产损失及需加固、补强、返工处理的事故。

2)公路工程质量事故处理的期限

道路工程:现场监理工程师鉴认至工程项目通车后两年内;

结构工程:施工过程中和设计使用年限内。

3)公路工程质量事故的分类及分级标准

公路工程质量事故分为质量问题、一般质量事故及重大质量事故三类。具体分类及分级标准按交通运输部办公厅《关于印发公路水运建设工程质量事故等级划分和报告制度的通知》(交办安监〔2016〕146号)中相关规定执行,具体划分如下:

根据直接经济损失或工程结构损毁情况(自然灾害所致除外),公路水运建设工程质量事故分为特别重大质量事故、重大质量事故、较大质量事故和一般质量事故四个等级;直接经济损失在一般质量事故以下的为质量问题。

(1)特别重大质量事故,是指造成直接经济损失1亿元以上的事故。

(2)重大质量事故,是指造成直接经济损失5000万元以上1亿元以下,或者特大桥主体结构垮塌、特长隧道结构坍塌,或者大型水运工程主体结构垮塌、报废的事故。

(3)较大质量事故,是指造成直接经济损失1000万元以上5000万元以下,或者高速公路项目中桥或大桥主体结构垮塌、中隧道或长隧道结构坍塌、路基(行车道宽度)整体滑移,或者中型水运工程主体结构垮塌、报废的事故。

(4)一般质量事故,是指造成直接经济损失100万元以上1000万元以下,或者除高速公路以外的公路项目中桥或大桥主体结构垮塌、中隧道或长隧道结构坍塌,或者小型水运工程主体结构垮塌、报废的事故。

4) 事故的报告

(1) 工程项目交工验收前,施工单位为工程质量事故报告的责任单位;自通过交工验收至缺陷责任期结束,由负责项目交工验收管理的交通运输主管部门明确项目建设单位或管养单位作为工程质量事故报告的责任单位。

(2) 一般及以上工程质量事故均应报告。事故报告责任单位应在应急预案或有关制度中明确事故报告责任人。事故报告应及时、准确,任何单位和个人不得迟报、漏报、谎报或瞒报。

(3) 事故发生后,现场有关人员应立即向事故报告责任单位负责人报告。事故报告责任单位应在接报 2h 内,核实、汇总并向负责项目监管的交通运输主管部门及其工程质量监督机构报告。接收事故报告的单位和人员及其联系电话应在应急预案或有关制度中予以明确。

(4) 重大及以上质量事故,省级交通运输主管部门应在接报 2h 内进一步核实,并按工程质量事故快报统一报交通运输部应急办转部工程质量监督管理部门;出现新的经济损失、工程损毁扩大等情况的应及时续报。省级交通运输主管部门应在事故情况稳定后的 10 日内汇总、核查事故数据,形成质量事故情况报告,报交通运输部工程质量监督管理部门。

(5) 对特别重大质量事故,交通运输部将按《交通运输部突发事件应急工作暂行规范》由交通运输部应急办会同部工程质量监督管理部门及时向国务院应急办报告。

5)《工程质量事故报告》内容

质量事故发生的时间、地点、工程项目名称及工程概况。

质量事故状况的描述,包括分布状态及范围、发生事故的类型、缺陷程度及直接经济损失,是否造成人身伤亡及伤亡人员数量。

质量事故现场勘查笔录,事故现场证物照片、录像、质量事故的证据资料、质量事故的调查笔录。

质量事故的发展变化情况(是否已经稳定,是否需要采取临时应急防护措施等)。

事故原因的初步判断。

事故涉及人员与主要责任者的情况等。

6) 事故的处理程序

(1) 质量问题的处理程序。

监理人接到质量问题报告后,立即由总监组织有关人员到现场查看,确定等级,指导处理,必要时下达停工令,同时向质安部(或工程部)报告。

承包人在质量问题发生后 3 日内,完成质量问题详细报告,对出现质量问题的原因作出详细分析,提出问题处理方案,报监理人审查。

监理人对引起质量问题的原因进行调查,并由总监审批其处理方案。

承包人按批复的处理方案进行事故处理,监理人负责监督落实。

(2) 一般质量事故的处理程序。

监理人接到质量事故报告后,立即由总监组织有关人员到现场查看,对事故进行初步定级,批准或指示紧急处理措施,同时向监理处报告,必要时下达停工令。

代建监理组织相关各方人员进行现场调查,成立事故联合调查小组对事故展开调查,必要时可请相关专家及各级质量监督部门人员加入调查组。

承包人在质量事故发生后 3 日内,完成质量事故详细报告,对出现质量事故的原因作出详细分析,评估事故的不利影响,明确事故的责任人,提出事故处理方案,报监理人审查。

监理处审查承包人上报的质量事故详细报告,2日内对质量事故原因及处理方案形成明确审核意见,上报事故联合调查小组。

事故联合调查小组对事故原因进行调查,审批承包人上报的处理方案,必要时可召开专题会议或专家会议讨论。

承包人按批复的处理方案进行事故处理,监理人负责监督落实。

事故处理报告上报质量监督部门。

(3)重大质量事故的处理程序。

现场应急状态解除后,由代建监理机构按照国家或上级主管部门的指示开展或配合开展质量事故调查工作。

承包人法人单位负责人组织成立事故处理领导小组进行现场办公,全力配合事故调查处理工作,完成质量事故详细报告,对事故原因作出详细分析,评估事故的不利影响,提出事故补救措施及整改建议,上报监理人。

监理处审核承包人上报的质量事故详细报告,对质量事故原因及处理方案形成明确审核意见。

代建监理机构在上级主管部门的领导下或与上级主管部门联合成立事故调查委员会,对事故原因进行调查,审批承包人上报的处理方案。

承包人按批复的处理方案进行事故处理,监理处负责监督落实。

事故处理完毕后,承包人向监理处上报事故处理报告及复工申请表,并申请对现场处理情况进行检验。

代建监理机构检验合格后,向事故调查委员会或上级主管部门递交事故处理报告,获得批准后,批复承包人的复工申请。

质量事故处理完成后,代建监理机构或上级主管部门组织全体参建单位召开质量事故通报总结会,总结分析质量事故出现的原因,对相关责任人进行处理,各参建单位吸取经验教训杜绝类似事故。

7)事故处理报告

事故处理后,必须保存完整的事故处理报告,内容包括:事故调查的原始资料、测试数据、事故的原因分析、论证,事故处理的依据,事故处理的方案,检查验收记录,事故处理结论等。

8)质量事故的处罚

根据事故调查结论,对相关责任方作出以下处罚。

(1)承包人。根据事故调查结论,承包人如负有部分或全部责任,则对承包人采取以下处罚措施:

质量问题。根据事故调查结论中界定的责任比例及合同约定,承包人承担事故损失的赔偿责任;此外,代建监理机构按照合同约定进行违约处罚,并对相关责任人进行批评教育,对于屡教不改的作清退处理。

一般质量事故。根据事故调查结论中界定的责任比例及合同约定,承包人承担事故损失的赔偿责任;此外,代建监理机构按照合同约定进行违约处罚,并在整个项目进行通报批评,对相关责任人作清退处理,必要时约见其法人代表现场澄清。

重大质量事故。根据事故调查结论中界定的责任比例及合同约定，承包人承担事故损失的赔偿责任；代建监理按照合同约定及事故调查委员会的处罚决定处罚相关责任人，触犯法律的移交司法机关追究法律责任。

（2）监理人。根据事故调查结论，监理人如负有部分或全部责任，则对监理人采取以下处罚措施：

质量问题。代建监理机构按照合同约定进行违约处罚，并对相关责任人进行批评教育，对于屡教不改的监理人员作清退处理并向质量监督部门通报。

一般质量事故。根据事故调查结论中界定的责任比例及合同约定，监理人承担事故损失的赔偿责任；此外，代建监理机构按照合同约定进行违约处罚，并在整个项目进行通报批评，对相关责任人作清退处理，并向质量监督部门通报，必要时约见其法人代表现场澄清。

重大质量事故。根据事故调查结论中界定的责任比例及合同约定，监理人承担事故损失的赔偿责任；按照合同约定及事故调查委员会的处罚决定处罚相关责任人，触犯法律的移交司法机关追究法律责任。

（3）勘查设计人。根据事故调查结论，勘查设计人如负有部分或全部责任，则对勘查设计人采取以下处罚措施：

质量问题。根据事故调查结论中界定的责任比例及合同约定，勘查设计人承担事故损失的赔偿责任，并对相关责任人进行批评教育。

一般质量事故。根据事故调查结论中界定的责任比例及合同约定，勘查设计人承担事故损失的赔偿责任，必要时约见其法人代表现场澄清。

重大质量事故。根据事故调查结论中界定的责任比例及合同约定，勘查设计人承担事故损失的赔偿责任，按照事故调查委员会的处罚决定处罚相关责任人，触犯法律的移交司法机关追究法律责任。

（4）咨询人、第三方检测单位、材料供应商等。根据事故调查结论中界定的责任比例及合同约定，相应责任单位承担事故损失的赔偿责任，触犯法律的移交司法机关追究法律责任。

4.1.6 质量管理改进

1）不合格工程信息处理

代建监理机构应根据不合格工程的信息，评价其采取改进措施的需求，实施必要的改进措施。当经过验证效果不佳或未完全达到预期的效果时，应重新分析原因，采取相应措施。

2）定期及专项检查处理

代建监理机构应定期对项目质量状况进行检查、分析，向组织提出质量报告，明确质量状况、发包人及其他相关方满意程度、产品要求的符合性及项目管理机构的质量改进措施。代建监理机构应了解发包人及其他相关方对质量的意见，确定质量管理改进目标，提出相应措施并予以落实。

3）质量保证及改进措施

质量管理检查。代建监理机构采取以巡视检查为主的方式进行施工现场质量管理，通过日常巡视结合旁站、定期和不定期检查、试验检测、工序质量检查等方式，运用信息化管理、远程监控等技术手段强化现场管理，重点进行施工质量的事前控制和事中控制。

按照"突出质量重点,强化关键程序控制,弱化形式审查,精简事前、事中检查验收,减少旁站项目、平行试验和内业工作量"的原则设置项目质量管理流程。

突出程序控制、工序验收和抽检评定,加强隐蔽工程和关键部位的管理,对隐蔽工程、重要工序和重要试验工程进行旁站,并增加隐蔽工程和重要工序影像证明材料。

强化承包人的质保体系和自检体系作用,杜绝承包人以包代管现象。督促承包人建立健全质量保证体系,强化自检体系,做好开工准备、工程施工和工序交验的各项自检工作。

加强质量统计工作,包括试验检测、抽检、评定及存在的问题,通过专项整改、专题会议、培训教育、思想教育、改善管理、科技攻关等措施,改进质量。

4) 以质量活动提升意识

通过质量活动提升,如质量月活动、专项质量活动的方式,促进关键质量问题、常规质量问题、易出现质量问题的工程部位的精细化施工,从而提高质量控制意识。

5) 防治通病提高质量控制

造成工程质量管理通病的原因很多,既有施工技术和工艺等方面原因,也有质量意识和管理机制方面原因,而管理往往是根本和深层次的因素。通病治理工作的要形成联动和协调性机制;建设、设计、施工、监理、试验检测等单位应密切配合,团结协作,及时组织完成工程项目质量通病调查、分析研究等各项工作,科学制订和部署专项治理措施;实施过程中要求各单位加强信息沟通,整合管理、技术资源,群策群力,保证项目质量通病治理工作有序、有效进行。这些都需要各级单位统一认识、认真部署,通过加强管理来落实防治通病。

4.2 工程项目进度管理

4.2.1 进度管理概述

1) 进度管理依据

进度管理是指为实现进度目标而进行的计划、组织、控制、验收等活动。进度管理在施工中存在着不吻合性,人力资源的配备是否充足、材料物资的确定是否及时、机械设备的运行完好率、方案工艺的明确性、施工环境的有利营造均是进度控制的关键因素。进度管理的依据主要是合同文件、《建设工程项目管理规范》(GB/T 50326)、《公路工程施工监理规范》(JTG G10)等,如表4-12所示。

相关规范进度管理内容　　　　表4-12

规　范	内　容
《建设工程项目管理规范》(GB/T 50326)	9.1.1 组织应建立项目进度管理制度,明确进度管理程序,规定进度管理职责及工作要求。 9.1.2 项目进度管理应遵循下列程序: 1. 编制进度计划; 2. 进度计划交底,落实管理责任; 3. 实施进度计划; 4. 进行进度控制和变更管理。 9.2.1 项目进度计划编制依据应包括下列主要内容: 1. 合同文件和相关要求;

续上表

规 范	内 容
《建设工程项目管理规范》（GB/T 50326）	2. 项目管理规划文件； 3. 资源条件、内部与外部约束条件。 9.2.2 组织应提出项目控制性进度计划。项目管理机构应根据组织的控制性进度计划，编制项目的作业性进度计划。 9.2.3 各类进度计划应包括下列内容： 1. 编制说明； 2. 进度安排； 3. 资源需求计划； 4. 进度保证措施。 9.2.4 编制进度计划应遵循下列步骤： 1. 确定进度计划目标； 2. 进行工作结构分解与工作活动定义； 3. 确定工作之间的顺序关系； 4. 估算各项工作投入的资源； 5. 估算工作的持续时间； 6. 编制进度图（表）； 7. 编制资源需求计划； 8. 审批并发布。 9.2.5 编制进度计划应根据需要选用下列方法： 1. 里程碑表； 2. 工作量表； 3. 横道计划； 4. 网络计划。 9.2.6 项目进度计划应按有关规定经批准后实施。 9.2.7 项目进度计划实施前，应由负责人向执行者交底、落实进度责任；进度计划执行者应制订实施计划的措施。 9.3.1 项目进度控制应遵循下列步骤： 1. 熟悉进度计划的目标、顺序、步骤、数量、时间和技术要求； 2. 实施跟踪检查，进行数据记录与统计； 3. 将实际数据与计划目标对照，分析计划执行情况； 4. 采取纠偏措施，确保各项计划目标实现。 9.3.2 对勘察、设计、施工、试运行的协调管理，项目管理机构应确保进度工作界面的合理衔接，使协调工作符合提高效率和效益的需求。 9.3.3 项目管理机构的进度控制过程应符合下列规定： 1. 将关键线路上的各项活动过程和主要影响因素作为项目进度控制的重点； 2. 对项目进度有影响的相关方的活动进行跟踪协调。 9.3.4 项目管理机构应按规定的统计周期，检查进度计划并保存相关记录。进度计划检查应包括下列内容： 1. 工作完成数量； 2. 工作时间的执行情况； 3. 工作顺序的执行情况； 4. 资源使用及其与进度计划的匹配情况； 5. 前次检查提出问题的整改情况。 9.3.5 进度计划检查后，项目管理机构应编制进度管理报告并向相关方发布。 9.4.1 项目管理机构应根据进度管理报告提供的信息，纠正进度计划执行中的偏差，对进度计划进行变更调整。

续上表

规 范	内 容
《建设工程项目管理规范》 （GB/T 50326）	9.4.2 进度计划变更可包括下列内容： 1. 工程量或工作量； 2. 工作的起止时间； 3. 工作关系；资源供应。 9.4.3 项目管理机构应识别进度计划变更风险，并在进度计划变更前制订下列预防风险的措施： 1. 组织措施； 2. 技术措施； 3. 经济措施；沟通协调措施。 9.4.4 当采取措施后仍不能实现原目标时，项目管理机构应变更进度计划，并报原计划审批部门批准。 9.4.5 项目管理机构进度计划的变更控制应符合下列规定： 1. 调整相关资源供应计划，并与相关方进行沟通； 2. 变更计划的实施应与组织管理规定及相关合同要求一致
《公路工程施工监理规范》 （JTG G10）	5.6.1 进度监理应在保证工程质量和安全的基础上以监督施工单位进度计划控制为主线进行。 5.6.2 监理机构应审批施工单位提交的进度计划，总体进度计划应由总监审批，月进度计划等应由驻地监理工程师审批并报总监办。审查施工进度计划包括以下的内容。 1. 是否符合施工合同工期管理约定，阶段性施工进度计划是否满足总体进度目标控制要求。 2. 主要工程项目是否有遗漏，劳动力、材料、机械设备等是否满足进度需要。 3. 是否适合建设单位提供的资金、施工场地等条件。 5.6.3 监理机构应检查施工进度计划的执行情况，按月通过实际进度与计划进度的比较进行分析评价，主要结论应写入监理月报。 5.6.4 进度计划调整应符合下列规定。 1. 对总体进度起控制作用的分项工程的实际进度严重滞后时，监理机构应签发监理指令单，要求施工单位采取措施保证工程进度，并向建设单位报告工期延误风险。需要调整进度计划的应重新审批。 2. 由于施工单位的原因，造成工程进度延误，且监理机构签发监理指令后未有明显改进、工程在合同工期内难以完成的，监理机构应及时向建设单位报告，并按合同约定处理。 3. 建设单位或施工单位提出工程进度重大调整时，应按合同和签订的补充合同执行

2）进度管理内容

代建监理机构各部门进度管理的内容如表4-13所示。

进度管理的内容　　　　　　　表4-13

部 门	内 容
工程技术部	编制控制性进度计划
计划合约部	审批合同进度计划； 审批关键工程进度计划； 召开生产调度会； 组织劳动竞赛

续上表

部门	内容
工程监理部	里程碑进度验收； 进度计划调整； 审批月进度计划； 召开生产调度会； 实际进度统计； 月度进度监督评价

3) 进度管理导图

进度管理导图见图 4-5。

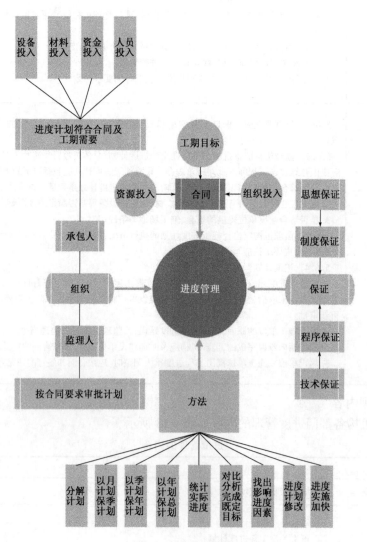

图 4-5 进度管理导图

4) 进度管理机构

项目进度管理机构见图 4-6。

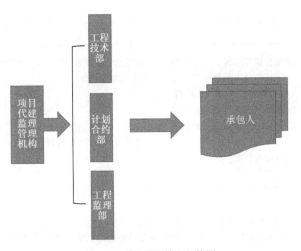

图 4-6 项目进度管理机构图

5)进度管理职责

进度管理的职责如表 4-14 所示。

进度管理职责 表 4-14

序号	项目	内容
1	组织机构及职责	1. 代建监理机构职责 代建监理机构负责统筹本项目计划进度管理工作,计划合约部、工程监理部及工程技术部为管理部门,其具体职责如下: (1)代建监理机构主任职责 ①掌握承包人总体施工计划,审批总体计划; ②参与项目总体计划实现的重大施工计划、进度协调会,审批确保项目总体计划实现的重大进度补救方案。 (2)代建监理机构分管领导职责 ①掌握承包人季度、年度施工计划,审批承包人总体施工计划,审核项目总体计划; ②了解现场进度情况,参加工程管理部处组织召开的重大计划、进度协调会,审查重大进度补救方案。 (3)计划合约部职责 ①编制项目总体计划,掌握承包人季度施工计划,审批承包人年度施工计划,审核承包人总体施工计划; ②汇总现场进度情况,编制《高速公路项目工程进度月报》; ③参与工程代建监理机构及现场管处组织召开的各种计划进度协调会,参与制订各种进度补救方案; ④负责按规定上报和下达有关计划进度的统计文件和统计报表。 (4)工程技术部职责 ①掌握承包人月度施工计划,审批承包人季度施工计划,审核承包人年度及总体施工计划,协助计划合约处编制项目总体计划; ②核实现场进度情况,分析进度与计划的符合程度; ③当进度落后计划时督促承包人采取有效措施进行补救,根据具体情况适时组织召开进度专项协调会,组织制订补救方案。 (5)工程监理部职责 ①审批承包人季度、年度及总体施工计划;

续上表

序号	项目	内　　容
1	组织机构及职责	②按合同要求做好工期控制,建立有效的沟通机制,确保各项工期目标的实现; ③监督承包人采取有效措施完成预定的施工计划。 (6)现场代建监理机构职责 ①审批承包人月度施工计划; ②按合同要求做好工期控制,建立有效的沟通机制,确保各项工期目标的实现; ③核实承包人上报的施工进度,当进度落后于计划时,督促承包人采取有效的补救措施,确保工期目标的实现。 2.承包人职责 (1)根据合同工期要求,编制并上报承包人月度、季度、年度及总体施工计划,并采取有效措施确保施工计划的顺利实现; (2)按要求真实上报实际施工进度; (3)施工进度落后计划时,采取积极措施进行补救,确保合同工期目标的顺利实现
2	施工计划的编制	1.施工计划编制原则 　　施工计划是表示各项工程的施工顺序、开始和结束时间及相互衔接关系的控制性文件。承包人应根据工程项目实施的不同阶段,分别编制总体施工计划,年、季、月度施工计划。施工计划的编制须满足以下原则: 　　(1)满足合同规定的总工期要求。 　　(2)施工计划应清楚地表明施工中全部活动、关系及关键路线,各项工程、各道工序的施工顺序正确,无错排、漏排。 　　(3)应充分考虑季节性气候变化、环保要求对施工的影响和限制,一些受限制的工程和工序应避开敏感时间区段。 　　(4)必须具有符合现场实际情况、切实可行的施工方案。 　　(5)合理配置工、料、机、资金等各种资源,尽量使资源得到连续、均衡使用,避免资源需求出现巨大波动。 　　(6)施工计划要符合实际,具有一定的柔性。 2.项目总体计划的编制 　　项目总体计划的编制由计划合约部编制,工程监理部配合,编制依据为项目工程可行性研究报告、初步设计及施工图设计文件的批复,其内容包括项目开展计划、工程施工计划、资金使用计划及项目总体工期安排等。 3.承包人总体施工计划的编制 　　承包人根据合同工期要求编制总体施工计划,计划中应包括合同段内各单位工程施工计划及起控制作用的关键工程施工计划,编制总体施工计划网络图、投资计划、总体施工资源配置计划等。 4.年度施工计划的编制 　　承包人应依据施工总体计划编制年度施工计划,年度施工计划应包括: 　　(1)在上一年度施工计划完成情况的基础上,分析说明本年度施工计划与总体施工计划的关系。 　　(2)本年度计划完成的工程项目内容、数量和投资额。 　　(3)本年度的资金使用计划。 　　(4)施工队伍和主要施工设备的数量及调配顺序。 　　(5)结合气候及环保条件,安排施工顺序,确定各季度完成相应的工程内容及工程量。 5.季度施工计划的编制 　　承包人应依据年度施工计划编制季度施工计划,季度施工计划应包括: 　　(1)上一季度施工计划完成情况的分析与说明,说明本季度施工计划与年度施工计划的关系。

续上表

序号	项目	内　　容
2	施工计划的编制	(2)本季度计划完成的工程项目内容、工程量和投资额。 (3)本季度的资金使用计划。 (4)本季度施工人员进、退场计划。 (5)本季度施工设备进场与使用计划。 (6)本季度主要材料采购与使用计划。 (7)安排本季度各月应完成的相应工程内容及工程量。 6.月度施工计划的编制 承包人应依据季度施工计划编制月度施工计划,月度施工计划应包括: (1)在上一月度施工计划完成情况的分析与说明,说明本月施工计划与季度施工计划的关系。 (2)本月计划完成的工程项目内容、工程量和投资额。 (3)本月施工人员进、退场计划。 (4)本月施工设备进场与使用计划。 (5)施工协作单位的月度施工计划
3	施工计划的管理	1.施工计划的制订 项目总体计划经代建监理机构主任批准后作为项目建设管理工作的依据,承包人必须依据该计划制订相应的施工计划。 2.施工计划的上报及审批 (1)承包人总体施工计划。 承包人在签订合同协议书28d内向监理人提交总体施工计划,现场管理审核后上报工程管理部、计划合约部,并由计划合约部汇总形成部门审查意见,由代建监理机构分管领导或主任审批。 (2)年度施工计划。 承包人应于每年12月20日前向现场管理处提交年度施工计划,现场管理处初审后上报工程管理部审核,计划合约处审查,由代建监理机构分管计划领导审批。 (3)季度施工计划。 承包人在每季度最后一个月20日前向现场管理处提交下一季度施工计划,现场管理处审查后上报工程管理部审批。 (4)月度施工计划。 承包人在每月20日前向现场管理处提交下一月度施工计划,现场管理处对照代建监理机构审批的年度、季度施工计划对月度施工计划进行审批,报备工程管理部。 3.施工计划的调整 代建监理机构有权根据项目总体计划,对承包人的合同工期、总体、年度和季度施工计划做适当调整,承包人应予以理解并无条件接受,并严格按代建监理机构审核调整后下达的施工计划执行
4	施工进度控制	1.施工计划实施要求 施工计划审批后,承包人应以计划为主线,明确目标任务,分解落实,优化控制,采取有效手段组织实施,确保月度、季度及年度施工进度符合计划要求,从而使总体施工进度处于受控状态。下列各方共同参与施工进度控制。 (1)承包人。 ①实行项目经理负责制,成立专门的计划进度管理部门,设置计划工程师,负责编制施工计划并控制进度,采用周滚动计划的方式控制月度施工计划的实施; ②优化施工组织设计,落实各项施工计划保障措施; ③超前研究重大技术问题,突破制约工程建设的关键环节; ④对已经出现工期延误的,应及时采取措施,调整资源,确保工期目标的实现。

续上表

序号	项目	内 容
4	施工进度控制	(2)工程监理部。 ①计划进度管理实行总监负责制,设立专门的计划监理工程师,以周滚动计划的方式监督承包人周、月度施工计划的落实情况,了解工程施工中存在的问题,发布施工计划执行情况通报; ②及时了解承包人的人员到位情况、设备配置及完好情况、材料供应情况,督促跟进各项计划保障措施; ③当周、月施工进度滞后于相应的施工计划时,应组织进行原因分析,研究采取相应措施。 (3)工程技术部。 ①通过现场管理处汇报及现场巡查,掌握承包人周滚动计划及月施工计划执行情况,协调相关施工问题; ②强化现场调度和协调力度,为工程建设创造良好的施工环境; ③定期组织召开现场会议,了解工程进度情况;当工程施工进度出现滞后(关键路线发生偏差或严重影响相邻标段施工进度)时,组织召开专项会议协调解决。 2.工程进度月报制度 各承包人于每月25日前统计合同段施工进度完成情况,上报现场管理处;现场管理处在2日内完成进度核查,上报工程管理部;工程管理部2h内完成审查,由计划合约部汇总形成《高速公路项目进度月报》,对外发布统计数据。 3.工期延长申请 承包人在施工过程中遇到不可预见或不可抗力的因素使工程进度延误时,可根据合同约定提出工期延长申请。申请批准后,承包人可按调整后的合同工期制订后续施工计划。 4.工期滞后调整 由于承包人投入不足或自身管理不善等原因造成现场施工进度滞后时,工程管理部及现场管理处有权要求承包人采取有效措施加快工程进度。涉及施工方案或施工顺序调整时,必须事先报现场管理处、工程管理部审批,由此增加的任何费用,均由承包人自行承担。 5.工期滞后处罚 现场工程进度明显滞后施工计划,承包人未能按现场管理处或工程管理部要求采取措施加快施工进度,或虽已采取措施,但现场施工进度仍然不能满足合同工期要求时,工程管理部有权按合同约定收回全部或部分工程项目,实行指定分包或更换承包人,由此所发生的一切费用由承包人承担
5	检查及考评	代建监理机构定期、不定期进行计划进度检查考评: (1)工程监理部每月会同现场管理处进行进度检查,检查结果列入季度综合考评中。 (2)工程合约处不定期检查各承包人人员、设备进场情况是否满足计划进度要求。 (3)代建监理机构每季度进行一次全面的计划进度检查、考评,评比结果纳入承包人信誉评价

6)进度管理流程

进度计划管理流程见图4-7。

4.2.2 进度计划编制

合同进度计划编制应以合同工期和控制性进度计划为基准。按单位工程、分部工程、分项工程三层进行任务划分。以横道图方式、网络图、S曲线等描述。

1)项目进度计划编制依据

(1)合同文件和相关要求。

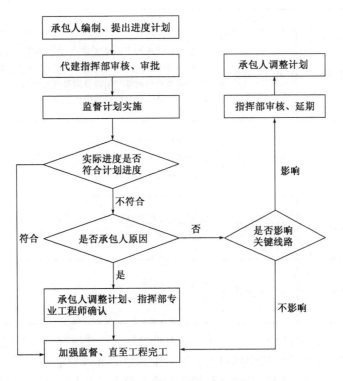

图 4-7 进度计划管理流程图

(2)项目管理规划文件。
(3)资源条件、内部与外部约束条件。
2)项目进度计划编制分类
(1)项目控制性进度度计划。
(2)项目的作业性进度计划。
(3)总体施工进度计划。
(4)年度施工进度计划。
(5)季度施工进度计划。
(6)月度施工进度计划。
各类进度计划编制依据、编制单位见表4-15。

进度计划管理的内容　　　　　表 4-15

进度计划分类	编制单位	编 制 依 据
项目控制性进度度计划	代建监理机构	1.合同文件和相关要求。 2.项目管理规划文件。 3.资源条件、内部与外部约束条件
项目的作业性进度计划	代建监理机构	控制性进度计划

续上表

进度计划分类	编制单位	编制依据
总体施工进度计划	承包人编制	1. 施工合同中规定的总工期、开工日期及交工日期。 2. 投标书中确认的工程进度计划、施工方案及控制措施。 3. 主要材料和设备的采购合同及气候条件。 4. 施工人员的技术素质及设备能力
年度施工进度计划	承包人编制	1. 总体施工进度计划。 2. 代建监理机构下达的年度计划。 3. 前一年度进度计划执行情况
季度施工进度计划	承包人编制	1. 年度施工进度计划。 2. 前一季度进度计划执行情况
月度施工进度计划	承包人编制	1. 季度施工进度计划。 2. 前一月份进度计划执行情况

编制控制性进度计划,应将项目目标分解为阶段目标。并应符合下列规定：

(1)高填深挖路基宜确定成形路基至少有一个雨季的沉降稳定期。

(2)路基线外和边坡的绿化及生物防护工程宜与路基工程同步实施。确保整个施工期内所有绿化季节能够不断间断地种植、补栽。

3)关键线路施工进度计划

关键及重点工程的施工工期会关系整个工程项目施工总工期,承包人应根据代建监理要求,单独编制关键及重点工程施工进度计划。关键及重点工程的进度计划应与总体施工进度计划和年度、季度、月份计划相匹配。其内容包括：

(1)具体施工方案、施工方法及具体责任人。

(2)总体进度计划及各道工序的控制工期及横道图。

(3)现金流动估算。

(4)各施工阶段的人力和设备、材料配额及运转安排。

(5)施工准备及中间交工的时间安排。

(6)对总体进度计划及其他相关工程的相互制约关系和说明等。

4)编制进度计划包括内容

(1)编制说明。

(2)进度安排。

(3)资源需求计划。

(4)进度保证措施。

(5)进度计划图、表。

5)编制进度计划遵循步骤

(1)确定进度计划目标。

(2)进行工作结构分解与工作活动定义。
(3)确定工作之间的顺序关系。
(4)估算各项工作投入的资源。
(5)估算工作的持续时间。
(6)编制进度图(表)。
(7)编制资源需求计划。
(8)审批并发布。
6)编制进度计划采取的方法
(1)里程碑表。
(2)工作量表。
(3)横道计划。
(4)网络计划。

4.2.3 进度计划审批

(1)项目进度计划应按有关规定经批准后实施。

审查合同进度计划应按照《公路工程施工监理规范》(JTG G10)第5.6.2条规定的审查内容执行,并出具审批意见。

审批关键工程进度计划。关键工程是指隧道、跨铁路桥、特大桥等。关键工程进度计划编制应以合同进度计划为基准,按单位工程、分部工程、分项工程三层进行任务划分,以横道图方式描述。审查关键工序进度计划应按照《公路工程施工监理规范》(JTG G10)第5.6.2条规定的审查内容执行,并出具审批意见。

审批月进度计划。月进度计划编制应以合同进度计划和关键工程进度计划为基准,按分项工程、部位和段落、工序三层进行任务划分,以网络图方式描述。审查月进度计划应按照《公路工程施工监理规范》(JTG G10)第5.6.2条规定的审查内容执行,并出具审批意见。

代建监理机构应审批施工单位提交的进度计划,总体进度计划应由总监审批,月进度计划等应由驻地监理工程师审批并报代建监理机构。审查施工进度计划应包括以下的内容:

①是否符合施工合同工期管理约定,阶段性施工进度计划是否满足总体进度目标控制要求。
②主要工程项目是否有遗漏,劳动力、材料、机械设备等是否满足进度需要。
③是否适合建设单位提供的资金、施工场地等条件。

(2)项目进度计划实施前,应由负责人向执行者交底,落实进度责任;进度计划执行者应制订实施计划的措施。

4.2.4 进度计划控制

(1)项目进度计划控制应遵循下列步骤:
①熟悉进度计划的目标、顺序、步骤、数量、时间和技术要求。
②实施跟踪检查,进行数据记录与统计。

③将实际数据与计划目标对照,分析计划执行情况。

④采取纠偏措施,确保各项计划目标实现。

(2)对勘察、设计、施工、试运行进行协调管理,项目管理机构应确保进度工作界面的合理衔接,使协调工作符合提高效率和效益的需求。

(3)项目管理机构的进度计划控制过程应符合下列规定:

①将关键线路上的各项活动过程和主要影响因素作为项目进度控制的重点。

②对项目进度有影响的相关方的活动进行跟踪协调。

(4)项目管理机构应按规定的统计周期,检查进度计划并保存相关记录。进度计划检查应包括下列内容:

①工作完成数量。

②工作时间的执行情况。

③工作顺序的执行情况;资源使用及其与进度计划的匹配情况。

④前次检查提出问题的整改情况。

(5)进度计划检查后,项目管理机构应编制进度管理报告并向相关方发布。

(6)工程进度计划的检查。

①承包人月报。承包人应在月底前,向代建监理机构提交本合同段的工作月报(上月26日~本月25日),报告应包括以下主要内容:

a. 说明:应对进度计划执行情况进行分析。

b. 工程进度:应以分部工程为单位,编制出工程进度累计曲线和完成投资额的进度累计曲线。

c. 工程图片:应显示关键线路上一些主要工程的施工状况和进展情况。

d. 其他特殊情况:应主要记述影响工程进度或造成延误的因素及解决措施。

e. 与以上内容相关的影像资料。

②代建监理机构检查应包含:

a. 代建监理机构每月组织有关人员对各承包人进行定期和不定期检查。

b. 对照月计划,检查计划执行情况。

c. 检查各承包人的人员、机械设备进场情况,是否满足进度计划要求。

4.2.5 进度合同管理

1)计划偏差管理

(1)进度计划的进度统计。

①召开生产调度会。应定期召开月度生产调度会。

②实际进度统计。应以月为周期,每日采用巡视、现场会议等方式进行实际进度调查,对发现的问题督促整改,并实施责任追究。月末分析描述当月的实际进度和累计的实际进度。实际进度统计应编制月度实际进度统计报告。

③月度进度监督评价。应按月对照合同进度计划进行监督和评价。监督是指对比合同进展计划和实际进度统计结果,判断当期的进度偏差,督促整改,并实施责任追究。判断是指预测合同进度计划对项目进度目标的适应性,判断是否需要调整合同进度计划。月度进度监督

评价应出具监督评价意见。

④进度里程碑验收。对照项目进度里程碑及时进行项目进度验收。

(2)进度计划的变更。

项目管理机构应根据进度管理报告提供的信息,纠正进度计划执行中的偏差,对进度计划进行变更调整。

(3)进度计划变更可包括下列内容：

①工程量或工作量；

②工作的起止时间；

③工作关系；

④资源供应。

(4)项目管理机构应识别进度计划变更风险,并在进度计划变更前制订下列预防风险的措施：

①组织措施；

②技术措施；

③经济措施；

④沟通协调措施。

(5)当采取措施后仍不能实现原定目标时,项目管理机构应变更进度计划,并报原计划审批部门批准。

(6)项目管理机构进度计划的变更控制应符合下列规定：

①调整相关资源供应计划,并与相关方进行沟通；

②变更计划的实施应与组织管理规定及相关合同要求一致。

2)项目进度计划调整

(1)决定进度计划完成的因素较多,管理力度、环境条件、气候条件、施工资源、计划的合理性等诸多因素均影响计划完成。进度实施控制中,动态监视影响进度计划实现的因素,动态进行因素管理,找出存在的问题,确保计划顺利实施。

(2)对总体进度起控制作用的分项工程。当实际进度严重滞后时,应签发工作指令单要求施工单位采取措施保证工程进度,并向建设单位报告工期延误风险。施工单位提出的保证工程进度的措施应按原计划审批的程序审批。

(3)由于施工单位的原因造成工程进度延误,现在签发工作指令后未有明确改进,并在合同工期内难以完成的,及时向建设单位报告,并按合同约定处理。

(4)技术单位或施工单位提出工程进度重大调整时,应按合同条款或签订的补充合同执行。

(5)项目进度计划调整包含以下3个方面：

计划最终工期不变,调整阶段工期。通过节点工期调整及资源重新配置,采用增加投入(人、机、料),科学管理,充分利用空间(工作面)、时间(增加每日完成工作量),组织平行作业等手段,开展劳动竞赛,在确保质量和安全的前提下,确保计划顺利实施。

当施工标段进度或项目进度与计划发生较大偏差,通过加快进度等措施,仍无法按计划完成时,代建监理机构应及时召开建设管理会议,对进度偏差原因进行分析,并对计划进行调整。

调整的审批程序按原计划的审批程序办理。

项目法人或施工单位提出工程进度重大调整时,应按合同或签订的补充合同执行。

3)项目进度合同管理

(1)工程暂停。

①当工程出现以下问题时,总监理工程师应下达停工令,并报项目法人备案:

a. 出现工程安全、质量问题和隐患,须进行停工处理的;

b. 发生安全或质量事故,应立即停工的;

c. 未经允许擅自进行施工的;

d. 其他需要停工的情况。

②工程暂停期间,代建监理机构应及时组织施工单位对工程停工原因进行分析,并采取措施进行处理;同时应做好已完工程及工程现场的保护工作,避免停工期间发生不必要的损失。

③停工后,应处理好因停工所引起的与工期、费用等相关事项。

④应及时向项目法人、行业主管部门和质量监督部门报告工程停工情况。

(2)工程复工。

①当工程具备复工条件时,代建监理机构应及时同意复工。

②停工超过半年以上的项目在复工前,代建监理机构应重新审查项目组织机构、质量保证体系、安全保证体系等材料,必要时应按照项目开工程序重新组织申报。

③项目复工后,应及时向项目法人、行业主管部门和质量监督部门报告。

(3)项目延期。

①因施工单位原因导致项目延期,应加强对施工单位的管理,采取措施消除导致延期的因素,并按照合同约定调整进度计划,并报项目法人备案;同时,加强对调整后计划落实情况的监督检查。

②因项目法人原因导致项目延期,应按照合同约定提供延期证明,调整进度计划,采取相应的措施保障调整后计划的实施,并根据合同规定办理补充合同签订等手续。

4.3 工程项目费用管理

4.3.1 费用管理内容

费用管理是指为了保证建设资金合理有效使用所进行的合同计量与支付活动。

(1)工作内容包含:中间计量、期中支付、交工支付、竣工结算。

(2)计量与支付原则:计量与支付工作的及时性,计量与支付项目的合规性、准确性。费用管理导图见图4-8。

4 工程项目施工阶段管理

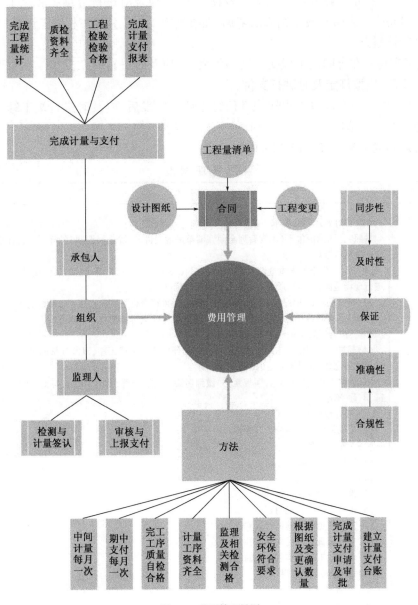

图 4-8 费用管理导图

4.3.2 费用管理制度

费用管理包含计量与支付,主要有以下要求:

(1)中间计量应每月进行一次。中间计量是期中支付的依据,在收到施工单位中间计量申请后,应按规定及时进行计量。

(2)计量项目应不重不漏。

(3)期中支付应每月进行一次。在收到施工单位期中支付申请后,应按规定及时进行支付。

(4)工程完工计量。在分项工程交工验收完成后,应及时进行分项工程完工计量。分项工程完工计量是交工支付和竣工结算的依据,在收到施工单位分项工程完工计量申请后,应按规定及时进行计量。

(5)交工支付。在合同段工程交工证书签发后,应及时进行交工支付。在收到施工单位交工支付申请后,应按规定及时进行支付。

(6)竣工结算。在合同段工程缺陷责任终止证书签发后,应及时进行竣工结算。在收到施工单位竣工结算申请后,应按规定及时进行竣工结算。

费用管理制度可参考表4-16相关内容。

费 用 管 理 制 度　　　　　　　　表4-16

序号	项目	内　　容
1	工程计量管理	1. 工程计量原则与要求 按照"合同总价包干(不含暂列金额)、清单进度支付、支付总额控制"的原则进行计量支付。过程中计量须符合以下要求: (1)符合《公路工程质量检验评定标准》(JTG F80)规定,一切需计量的工程项目,必须按规定频率进行现场检测,并通过质量评定达到合格工程标准要求。 (2)所有的计量方法、范围、内容、单位、精度必须符合合同规定和监理工程师的指示。 (3)如果合同条款规定或设计文件中列有的任何分项工程和其子目而又未在工程量清单中出现的工作量,按合同规定被认为是附属义务。 (4)超过设计图纸或未经监理工程师指示的任何工程量或工序,以及计量的主要文件及附件的签认手续不完备、资料不齐全的不予计量。 (5)计量与支付应符合合同规定,并做到客观、公正、准确、及时。计量与支付的项目与数量应不漏、不重、不超、不少。 2. 工程计量依据 (1)合同协议书及各种合同附件。 (2)专用合同条款。 (3)通用合同条款。 (4)技术规范。 (5)设计图纸及变更设计图。 (6)工程量清单及说明。 (7)工程变更令及其他有效附件。 (8)有关计量规定的文件或补充协议。 (9)经监理工程师验收合格的记录。 (10)其他证据性资料。 3. 工程计量条件 进行计量的工程,必须满足以下条件: 1)符合可计量项目范围 (1)工程量清单中的工程项目。 工程量清单是工程项目管理的重要依据,工程量清单中的工程项目原则上全部需进行计量,其工程数量不作为承包人履行合同义务中应完成的实际和准确的数量,亦不作为最终结算和支付的依据。在项目实施过程中,代建监理机构对合同中的工程量清单管理的关键环节是对清单项目的工程计量。承包人按合同规定进场拿到正式施工图纸后,须在28日内对原投标报价工程量清单数量和施工设计图纸数量的差异进行修正,并报代建监理机构复核审批。 (2)工程变更项目。 工程变更通过规定程序下达变更令后,承包人即可组织实施,实施完成的工程量可按合同有关规定进行计量。

续上表

序号	项目	内　容
1	工程计量管理	(3)合同文件中规定的其他可计量项目。 除了工程量清单中工程项目以外,在合同文件中还规定了一些包干项目,对于这些项目亦必须根据合同条款进行计量。 2)质量达到合同规定标准的要求 工程质量经代建监理机构分部专业工程师验收合格,并签发了中间交工证书后,该项目才可以申报计量。 工程质量验收不合格的任何工程或工序不予计量。 3)验收手续齐全 对分项工程或一道工序的验收应包括以下资料和手续: (1)监理工程师批准的开工申请。 (2)承包人自检资料和试验数据,且试验频率符合合同条款规定。 (3)监理工程师抽检结果符合设计及规范要求。 (4)已签发中间交工证书。 (5)成品、半成品、器材等应有试验鉴定资料或合格证。 4.工程计量方式 采用代建监理机构分部专业工程师与承包人共同计量的方式,代建监理机构计划合约部必要时参与计量。工程达到规定的计量单位时,专业工程师应审查承包人提供计量所需的资料并与其共同计算。在计量前,由承包人派员会同专业工程师、合同工程师及代建监理机构计划合约部(有必要时)组成计量小组共同计量,计量后各方签字认可。 5.工程计量方法 工程计量方法包括均摊法、凭据法、估价法、综合法、断面法、图纸法、钻孔取样法、分项计量法等,在实际运用中,必须依据施工合同条款、文件的要求并在监理工程师同意下采用。 6.工程计量程序 (1)分项工程施工完成,代建监理机构分部验收合格后,签发中间交工证书,作为计量的依据。 (2)计量的工程项目由承包人提出计量申请,报组织计量联测。联测成果经双方签认后,由代建监理机构分部、承包人各执一份,做为计量的基础资料。 (3)承包人根据代建监理机构分部驻地监理工程师签认的计量证书,编制月支付申请报表,由项目经理签字并加盖项目经理部公章,报代建监理机构分部审核。 (4)代建监理机构分部对承包人提交的月支付申请报表审核合格后,编制月支付报表,由合同工程师签认、驻地监理工程师签发,上报代建监理机构审批。 7.工程计量周期 单价子目已完成工程量的计量每月一期,总价子目的计量周期按有关合同条款和技术规范执行
2	工程支付管理	1.工程支付条件 按合同文件规定,工程支付必须符合以下条件: (1)质量合格是工程计量支付的首要条件。 (2)经批准的支付证书是代建监理机构支付承包人工程款项的依据。 (3)工程变更的项目必须有监理工程师签发的变更令。未经监理工程师的批准,对任何施工项目的改变都是不允许的,不管这种变更是否必要,一律不予进行任何支付。 (4)无论是工程量清单中工程项目费用的支付,还是工程变更项目的各项费用的支付,均需要符合合同条款。 (5)月支付金额必须等于或大于合同中规定的中间计量支付的最低限额,否则按月结转。 2.工程支付类型 根据支付的时间不同,支付类型分为期中支付和最终支付。

续上表

序号	项目	内容
2	工程支付管理	3.工程支付审查 1)代建监理机构分部对支付证书的审查 承包人在满足支付条件后,即可按规定的报表格式向代建监理机构分部提交支付申请书,代建监理机构分部收到承包人的支付申请后审查以下内容: (1)审查工程质量及质保资料。 (2)审查承包人支付申请的依据:中间计量表、工程变更令、索赔证明材料及其他有关的各类证明材料,如返还支付利息、违约罚金、动员预付款、材料预付款的支付或扣回。 (3)核对支付申请中的单价是否与工程量清单或变更清单相符。 (4)核实到达现场的材料:核实支付申请中的材料是否用于永久性工程,检查出厂检验单,其材料规格和质量是否符合规范要求,核实实际到库的材料数量是否与申请支付单数量相符,且不得大于专业工程师批准的计划数量,检查存放材料的条件是否符合规定。 (5)审查承包人的奖惩支付或扣回。 2)代建监理机构质检部对支付证书的审查 (1)审查工程质量及质保资料。 (2)核实到达现场的材料:核实支付申请中的材料是否用于永久性工程,检查出厂检验单,其材料规格和质量是否符合规范要求,核实实际到库的材料数量是否与申请支付单数量相符,且不得大于专业工程师批准的计划数量,检查存放材料的条件是否符合规定。 3)代建监理机构安全环保部对支付证书的审查 (1)审查安全生产措施是否按规范要求及代建监理机构的指示落实。 (2)审核备案的安全生产相关台账及相关安全生产类票据。 4)代建监理机构计划合约部对支付证书的审查 (1)审查质保资料。 (2)审查承包人支付申请的依据:中间计量表、工程变更令、索赔证明材料及其他有关的各类证明材料,如返还支付利息、违约罚金、动员预付款、材料预付款的支付或扣回。 (3)核对支付申请中的单价是否与工程量清单或变更清单相符。 (4)核实到达现场的材料:核实支付申请中的材料是否用于永久性工程,检查出厂检验单,其材料规格和质量是否符合规范要求,核实实际到库的材料数量是否与申请支付单数量相符,且不得大于专业工程师批准的计划数量,检查存放材料的条件是否符合规定。 (5)审查承包人的奖惩支付或扣回。 4.支付申请书和支付证书的修改与签发 代建监理机构分部有权对承包人提交的支付申请书进行改正或修改,代建监理机构对分部审查后提交的支付证书也有权进行必要的改正或修改。代建监理机构对相关计量资料审查确认后上报项目法人,项目法人审查通过后,签发"工程进度价款拨付审核表",作为支付依据。 5.费用支付 项目法人对上报的计量支付资料审批后,将资金拨付至代建监理机构账户,由承包人开具相应发票,经代建监理机构审批后,予以支付。 6.工程支付周期 与工程计量周期相同

4.3.3 费用管理流程

费用管理流程图见图4-9。

4 工程项目施工阶段管理

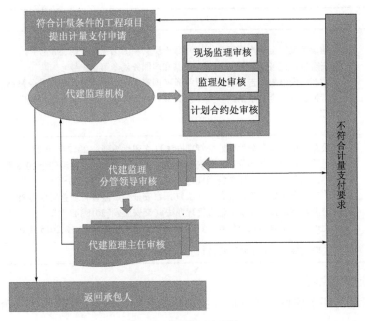

图 4-9 费用管理流程图

4.4 工程项目安全生产管理

4.4.1 安全生产管理总则

安全生产管理必须坚持"安全第一,预防为主,综合治理"的方针,必须坚持"管生产必须管安全"的原则。依靠科学管理和技术进步,做到科学、规范、有序、受控。

1)安全生产管理依据

安全生产管理是指为使项目实施人员和相关人员在施工阶段规避伤害及影响健康的风险而进行的计划、组织、指挥、协调和控制等活动。具体绩效评价指标包括:平安工地达标等级、安全生产责任事故。

项目安全生产管理的依据为国家、部门、地方法律法规、规范及合同条款,主要发布的法律法规见表4-17。在施工期间,国家、地方发布的相关安全生产管理规定一并执行。

主要有关建设安全的法律、法规、规范　　　　表 4-17

项　目	内　容
法律	《中华人民共和国安全生产法》(中华人民共和国主席令第13号) 《中华人民共和国消防法》(中华人民共和国主席令第29号) 《中华人民共和国建筑法》(中华人民共和国主席令第29号) 《中华人民共和国特种设备安全法》(中华人民共和国主席令第4号) 《中华人民共和国刑法修正案(九)》(中华人民共和国主席令第30号)

续上表

项目	内容
法规	《建设工程安全生产管理条例》(中华人民共和国国务院令第393号) 《安全生产许可证条例》(中华人民共和国国务院令第653号) 《生产安全事故报告和调查处理条例》(国家安全生产监督管理总局令第493号) 《特种设备安全监察条例》(中华人民共和国国务院令第373号,2009年1月24日国务院令549号修正)
规定	《公路水运工程安全生产监督管理办法》(交通运输部令2017年第25号) 《危险性较大的分部分项工程安全管理规定》(住房和城乡建设部令2018年第37号) 《建筑起重机械安全监督管理规定》(建设部令2008年第166号) 《生产安全事故应急预案管理办法》(国家安全生产监督管理总局令第88号) 《公路水运工程平安工地建设管理办法》(交安监发〔2018〕43号) 《生产安全事故罚款处罚规定》(国家安全监管总局令第13号,2015年05月01日执行)
规范	《公路工程施工安全技术规范》(JTG F90)

2)安全生产管理原则

安全生产管理贯穿于项目可行性研究到缺陷责任期的全过程,其作为一个管理系统工程,必须遵从以下原则。

(1)"一岗双责"的原则。

"一岗双责"是指既要做好自己本岗位的工作,也要做好本岗位所涉及的安全工作。工程参建单位应落实"一岗双责"的要求,细化各岗位职责,按年度层层签订安全责任书,以定期组织考核。

(2)"三管三必须"的原则。

《中华人民共和国安全生产法》第四条规定:生产经单位必须遵守本法和其他有关安全生产的法律、法规,加强安全生产管理,建立、健全安全生产责任制和安全生产规章制度,改善安全生产条件,推进安全生产标准化建设,提高安全生产水平,确保安全生产。第五条规定:生产经营单位主要负责人对本单位的安全生产工作全面负责。因此,要充分认识和落实好谁主管谁负责,坚持管业务必须管安全、管行业必须管安全、管生产经营必须管安全的原则。

(3)"三同时"的原则。

根据《中华人民共和国安全生产法》第二十四条规定。在经营单位新建、改建、扩建工程项目(以下统称建设项目)的安全设施,必须与主体工程同时设计、同时施工、同时投入生产和使用。安全设施投资应当纳入建设项目概算。

(4)安全生产动态管理的原则。

生产活动必须坚持全员、全过程、全方位、全天候的动态安全管理原则。安全管理不是少数人和安全机构的事,而是一切与生产有关的人共同的事。缺乏全员参与,安全管理不会有生气,不会出现好的管理效果。

安全管理涉及生产活动的方方面面,涉及从开工到竣工交付的全部生产过程,涉及全部生产时间,涉及一切变化着的生产因素。

安全管理是变化着的生产活动中的管理,是一种动态的管理,这就意味着必须坚持持续改进的原则,以适应变化的生产活动,及时发现并消除新的危险因素。更重要的是要不间断地探索新规律,注意总结管理、控制的办法与经验。不断改进、完善、提高安全管理工作的水平和质量。

(5)安全一票否决的原则。

"安全具有否决权"是指安全生产工作是衡量建设工程管理的一项基本内容,它要求在对项目各项指标考核、评优创先时,首先必须考虑安全指标的完成情况。安全指标没有实现,其他指标虽已顺利完成,也不能认为该项目达成了最优,安全具有一票否决的作用。

(6)事故处理"四不放过原则"。

国家有关法律法规明确要求,在处理事故时必须坚持和实施"四不放过原则"原则。

①事故发生的原因未查清不放过;
②事故责任者和职工群众没有受到教育不放过;
③安全隐患没有整改预防措施不放过;
④事故责任者不处理不放过。

(7)安全工作的"五同时"原则。

安全工作的"五同时"原则是指企业的生产组织领导者必须在计划、布置、检查、总结评比生产工作的同时进行计划、布置、检查、总结评比安全工作的原则。它要求把安全工作落实到每一个生产组织管理环节中去。这是解决生态管理中安全与生产统一的一项重要原则。

(8)同步协调发展原则。

同步协调发展原则是指安全生产与经济建设、企业深化改革、技术改造同步规划、同步发展、同步实施的原则。要求把安全生产融入生产经营活动各个方面中,以保证安全生产一体化,解决安全、生产两张皮的弊病。要避免只抓生产注重经济效益,不重视安全的局面,而应把经济效益与安全效益统一起来。

3)安全生产管理理念

安全生产必须正确处理好以下五种关系:

(1)安全与危险并存。

安全与危险在同一事物的运动中是相互对立、相互依赖的。因为有危险,才要进行安全管理,以防止危险。安全与危险并非是等量并存、平静相处。随着事物的运动变化,安全与危险时刻都在变化着,进行着此消彼长的斗争。可见,在事物的运动中,都不会存在绝对的安全和危险。危险因素存在于事物的运动之中,自然是可知的,也应是可控的。保持生产的安全状态,必须采取多种措施,积极预防、有效控制和消除各种危险因素。

(2)安全与生产的统一。

生产是人类社会发展的基础。如果生产中人、物、环境都处于危险状态,在生产将无法顺利进行,因此安全是生产的客观要求。安全有了保障,生产才能持续、稳定发展。当生产与安全发生矛盾,危及职工生命或过国家财产时,生产活动必须进行整顿,待消除危险因素以后,生产形势才会变得更好。

(3)安全与质量同步。

安全是质量的质量的基础,只有在良好的安全措施保证之下,施工人员才能较好地发挥技术水平,保证工程施工的质量。同样,工程施工质量越好,其产生的安全效应就越高;可以说质量是"本",安全是"标",两者密不可分。只有标本兼治,才能使工程项目达到设计标准要求。可见安全与质量是同步的。

从广义上去看,质量包含安全工作质量,安全概念也包含着质量,交互作用,互为因果。安全第一,质量第一这两种说法并不矛盾。安全第一是从保护生产要素的角度出发,而质量第一则是从关心产品成果的角度出发。安全为质量服务,质量需要安全保证。

(4)安全与进度互促。

安全是进度的前提。由于建设项目的最大特点是施工长期较长,建设单位总是希望其投入的资金能尽快地产生效益,但工期过短是埋下安全隐患的原因之一。国家规范标准中的工期有时候是可以进行压缩的,但对工期提出一个有利于安全的合理工期及约定工期,应当在施工合同中明确约定。可见安全与进度是相互促进的,速度与安全为保障,安全就是速度。在项目实施过程中,应追求安全加速度,尽量避免安全减缓速度。当速度与安全发生矛盾时,应暂时减缓速度,保证安全才是正确的做法。

(5)安全与效益兼顾。

安全技术措施的实施,会改善作业条件,带来经济效益,安全与效益是一致的,安全促进了效益的增长。在安全管理中,投入要适度,要进行统筹安排,既要保证安全生产,也要经济合理,还要考虑力所能及。单纯为了省钱而忽视安全生产,不但会给施工带来巨大的经济损失,而且会影响建设单位投入资金产生的效益。可见,安全与效益是兼顾的。

4)安全生产管理导图

安全生产管理图见图4-10。

5)安全监理工作内容

监理工程师的安全管理工作是消除安全事故因素的外部力量。工程的安全事故与工程施工与生产密切相关,为了真正能够预防工程安全事故,必须消除施工生产过程中的不安全行为和物的不安全状态。然而监理工程师的管理活动属于外部管理,是安全生产过程中的外部原因,外部原因必须通过施工单位这一内因方能发挥作用。监理工程师的安全管理必须通过施工管理人员卓有成效的工作,才能成为有效的措施。

监理工程师应按照法律、法规和工程建设强制性标准及监理委托合同实施监理,对所监理工程的施工安全生产进行监督检查,具体包括以下内容。

(1)施工准备阶段。

①根据要求,编制包括安全监理内容的项目监理计划,明确安全监理的范围、内容、工作程序和制度措施,以及人员配备计划和职责等。

②对中型及以上项目和《建设工程安全生产管理条例》(中华人民共和国国务院令第393号)《危险性较大的分部分项工程安全管理规定》(住房和城乡建设部令2018年第37号)和《公路工程施工安全技术规范》(JTG F90)附录A表中"危害性较大的工程"规定的危险性较大的分部分项工程,监理单位应当编制监理细则。

③审查施工单位编制的施工组织设计中安全技术措施和安全专项施工方案是否符合工程建设强制性的标准要求。审查的内容主要包括:

a. 施工单位编制的地下管线保护措施方案;

b. 分部分项工程的专项施工方案;

c. 现场临时用电施工组织设计或者安全用电技术措施和电气防火措施；
d. 冬期、雨期等季节性施工方案的制订；
e. 施工总平面布置图，临时设施设置及排水防护措施。

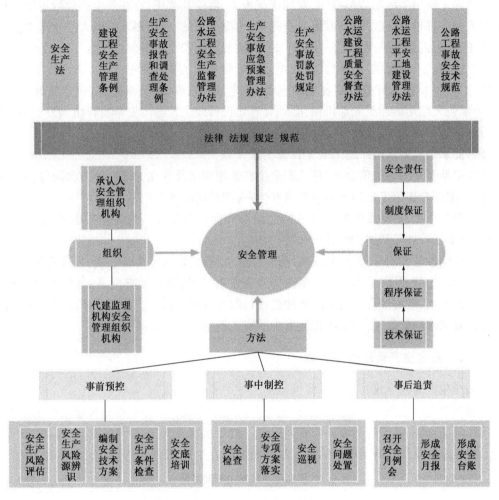

图 4-10 安全生产管理导图

④检查施工单位在工程项目上的安全生产规章制度和安全监管机构的建立、健全及专职安全生产人员配备情况，督促施工单位检查各分包单位的安全生产规章制度的建立情况。

⑤审查施工单位资质和安全生产许可证是否合法有效。

⑥审查项目经理和专职安全生产管理人员是否具备合法资格，是否与投标文件相一致。

⑦审核特种作业人员的特种作业操作资格证书是否合法有效。

⑧审核施工单位应急救援预案和安全防护措施费用使用计划。

(2) 施工阶段。

安全生产贯穿于施工的全过程，安全监理是对施工安全进行过程控制，应以预防为主。在施工过程当中，监理工程师在巡视、旁站过程中应对施工生产安全情况、承包人的安全保证体系运转情况进行检查，督促承包人按照工程建设强制性标准和专项安全施工方案组织施工，制止违规作业。具体应注意以下几个方面：

①监督承包人能按照工程建设强制性标准和经审批的安全施工方案组织施工，制止违规施工作业。

②在施工阶段实施监理过程中，发现违规施工，责令其改正；存在安全事故隐患的，应当要求承包人整改并检查整改结果，签署复查意见；情况严重的，应当要求承包人停止施工，并及时报告业主；承包人拒不整改或不停止施工的，应应及时向安全监督部门报告。

③督促承包人做好洞口、临边、高处作业等危险部位的安全保护工作，并设置明确的安全警示标志，督促承保人有效控制现场的废水、扬尘、噪声、震动、坠落物等，建立良好的工作环境；审查承包人使用的建筑起重机械，必须具有建设行政主管部门安全监督机构发放的建筑起重机械设备备案牌和法定检测机构发给的检测合格标志。

④督促承包人定期组织施工安全自查工作。

⑤在定期召开的工地例会上，评述安全生产管理现状及存在的薄弱环节和问题，并提出意见和建议，把安全作为工地例会的主要内容之一，把预防落到实处。

⑥对高危作业，把易发生安全事故的危险源和薄弱环节作为安全监控的重点，可采取旁站、巡视和平行检查等形式，加大检查监控力度。

⑦对危险性较大的分部分项工程进行安全巡查检查，每天不少于一次，发现违规施工和存在安全事故隐患的，及时要求承包人整改并检查整改结果，签署复查意见；承包人拒不整改或者不停止施工的，现场经理应及时向当地建设行政主管部门报告。分部分项工程交工验收时，如安全事故的现场处理未完成，不得签发中间交工证书。

4.4.2 安全生产管理体系建立

1）安全生产管理制度

管理制度包括安全生产责任制度和安全生产规章制度。责任制度是规定安全生产管理机构和人员分工，建立各方相互协调的管理机制。规章制度是规定工作范围、内容和工作流程、规则。代建监理单位及施工单位的安全管理制度见表4-18和表4-19。

代建监理单位安全制度目录 表4-18

类别	序号	制度名称
项目管理	1	安全生产会议制度
	2	安全生产责任考核制度
	3	安全生产专项费用管理制度
	4	安全生产检查评价制度
	5	安全事故隐患排查治理制度
	6	施工安全风险评估管理制度
	7	生产安全事故报告制度
	8	危险性较大分部、分项工程安全管理制度
	9	"平安工地考核"评价制度
	10	安全生产奖惩制度

续上表

类别	序号	制 度 名 称
项目管理	11	安全生产应急管理制度
	12	施工安全技术措施审查制度
	13	专项施工方案审查制度
	14	安全事故隐患督促整改制度
	15	重大安全隐患报告制度
	16	按照强制性标准实施监理制度
	17	安全生产条件审查制度
	18	安全生产专项费用审查制度
	19	特种设备复核制度
	20	危险性较大工程安全监理制度
	21	夜间施工安全检查制度
	22	安全生产教育培训制度
	23	"一岗双责"岗位责任制度
	24	职业健康管理制度
	25	交通安全管理制度
	26	驻地安全管理制度
	27	安全档案管理制度
	28	安全生产信息报送制度
	29	试验仪器设备安全操作规程
	30	安全监理交底制度

施工单位安全管理制度目录　　　　　　　　　　　表 4-19

类别	序号	制 度 名 称
项目管理	1	安全生产责任及考核制度
	2	安全生产会议制度
	3	安全生产检查评价制度
	4	安全培训教育制度
	5	特种作业人员管理制度
	6	安全生产专项经费使用制度
	7	施工现场消防安全责任制度
	8	单位安全管理考评制度
	9	劳动保护用品配备及管理制度
	10	施工设备安全管理制度
	11	安全生产应急管理制度
	12	安全生产事故报告制度
	13	安全生产事故隐患排查治理制度

续上表

类别	序号	制度名称
项目管理	14	专项施工方案审查制度
	15	安全生产技术交底制度
	16	危险品安全管理制度
	17	"平安工地"考核评价制度
	18	施工安全风险评估制度
	19	安全生产奖罚制度
	20	施工单位项目部主要负责人带班制度
	21	施工作业操作规程
	22	夜间施工安全申报制度
	23	其他保障安全生产和职业健康规章制度

2)安全生产责任体系

各级项目管理机构要成立安全管理委员会,并成立领导小组,建立健全安全管理机构及保障体系。安全生产责任体系,按"一岗双责"进行安全管理,逐层建立管理体系,包括业主、代建监理机构、设计、勘测、总包、分包等相关参建单位。项目管理机构如图4-11所示。

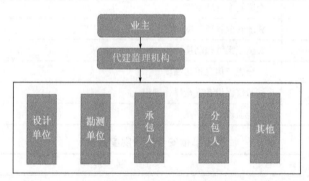

图4-11 项目管理机构

3)安全生产管理职责

根据项目的合同、规模及代建监理机构的情况制订,表4-20为代建监理安全管理职责(来自部分项目资料,供参考)。

代建监理安全管理职责　　　　　　表4-20

序号	类别	制度名称
1	安全生产领导小组职责	1. 统一领导代建监理机构的安全生产工作,每季度组织召开安全生产会议,研究决策代建监理机构安全生产的重大问题。 2. 督促各部门和施工单位落实国家有关安全生产法律法规、行业有关的安全生产标准及上级规章制度。 3. 依照有关法律法规、标准设置职明确的安全生产管理机构,按要求配足安全监理工程师及安全监理员。 4. 审查代建监理计划、批准安全代建监理细则和各项安全生产管理制度。 5. 保证代建监理安全生产条件所需资金的投入。

续上表

序号	类　　别	制　度　名　称
1	安全生产领导小组职责	6.组织开展代建监理年度安全生产考核,定期开展施工单位平安工地建设评价,按照有关制度实施奖惩。 7.协助上级主管部门进行生产安全事故的调查、分析和处理等。 8.法律、法规规定的其他安全生产职责
2	主任安全职责	1.建立健全本单位安全生产"一岗双责"责任制并督促落实。 2.组织制订本单位工程项目安全生产管理策划方案、安全生产管理制度及生产安全事故应急预案,并督促实施。 3.组织制订本单位年度安全生产工作计划、安全生产教育培训计划并实施。 4.每半年至少组织一次工程项目安全生产全面检查,研究分析工程项目安全生产存在的重大问题,采取有效措施,督促施工单位及时消除重大事故隐患。 5.参与业主组织的生产安全事故应急演练。 6.及时、如实报告工程项目生产安全事故,并按照有关应急预案进行响应和处置,参与或配合事故调查及处理。 7.法律、法规和政策规定的其他安全生产职责
3	副主任安全职责	对本单位安全生产管理工作进行综合监管、指导协调,率履行以下生产安全职责: 1.指导编制本单位安全生产管理制度及生产安全事故应急预案。 2.指导制订本单位年度安全生产工作计划、安全生产教育培训计划。 3.督促本单位、施工单位及时落实各项生产安全事故防范、重大风险(危险)源控制、隐患排查整治措施。 4.在工程项目开工前组织开展本单位、施工单位安全生产条件核查,每季度至少组织一次工程项目安全生产全面检查,及时研究解决工程项目安全生产管理工作中存在的问题,并向上级报告安全生产管理工作情况。 5.参加业主组织的生产安全事故应急演练。 6.法律、法规和政策规定的其他安全生产职责
4	总工程师安全职责	1.负责工程项目的安全生产科技、技术管理。 2.负责组织检查工程项目设计图纸、专项施工方案、风险评估中施工安全技术保证措施是否完善,并监督施工单位落实。 3.参与审定工程项目的安全技术规章制度和标准,参加专项施工方案、风险评估等的专家论证会议。 4.参与工程项目生产安全事故的内部调查,对事故发生的技术原因进行分析、鉴定,并提出改进措施。 5.督促检查分管职能部门的安全生产职责落实情况。 6.法律、法规和政策规定的其他安全生产职责
5	总监理工程师安全职责	全面监督和管理代建监理合同段的安全生产,是代建监理的安全生产直接责任人,履行以下安全生产职责: 1.建立健全代建监理的安全生产"一岗双责"责任制并督促落实。 2.主持编制代建监理计划、安全生产管理制度,审批安全代建监理细则,并督促实施。 3.组织制订代建监理机构年度安全生产工作计划、安全生产教育培训计划并组织实施。 4.组织审批施工组织设计、专项施工方案;组织审批施工单位的生产安全事故应急预案、桥梁和隧道等施工安全风险评估报告、重大事故隐患基础清单;组织审批、检查施工单位的安全生产责任体系、安全生产管理制度。

续上表

序号	类别	制度名称
5	总监理工程师安全职责	5.每月度至少组织一次对施工单位的安全生产全面检查,研究分析安全监理工作中存在的重大问题,采取有效措施督促施工单位及时消除重大事故隐患。 6.发安全生产暂停施工及恢复施工的监理指令。 7.参与业主组织的生产安全事故应急演练。 8.及时、如实报告代建监理合同段生产安全事故,参与或配合事故调查及处理。 9.法律、法规和政策规定的其他安全生产职责
6	安全监理工程师安全职责	1.参与编制代建监理计划、安全代建监理细则中安全监理工作部分的内容,参与编制安全生产管理制度,并检查督促实施。 2.组织和参与代建监理机构的安全生产教育培训。 3.审查施工单位的安全保证体系;审查施工单位的安全生产费用计划;审查施工组织设计中的安全技术措施或专项施工方案是否符合工程建设强制性标准;参与审查应急预案、桥梁等施工安全风险评估报告;检查施工单位专项施工方案的内部审查手续。 4.巡视工地,检查施工安全技术措施落实情况,检查施工单位安全生产费用的使用情况,督促施工单位安全生产投入的有效实施。发现存在生产安全事故隐患的,督促施工单位限期整改,并建立生产安全事故隐患治理台账;发现存在情况严重的安全事故隐患,应要求施工单位暂停施工,并及时报告。 5.每月至少参与一次对施工单位的安全生产全面检查,组织监理人员不定期对施工单位的安全生产检查。 6.参与施工单位的生产事故应急演练,并审查施工单位的生产事故应急演练情况。 7.参与和配合生产安全事故调查和处理。 8.组织编制监理月报中安全监理部分内容。 9.指导和检查监理人员安全责任落实情况,组织对代建监理机构进行安全考核及评比工作,提出奖惩意见。 10.具体承担代建监理机构安全生产领导小组日常工作。 11.法律、法规和政策规定的其他安全生产职责
7	工程技术部长及工程技术部安全职责	1.对施工单位安全生产工作的工程管理和技术管理负责。 2.审查施工组织设计、专项施工方案、作业计划,以质量、技术措施保障施工安全。 3.审查施工单位分项工程安全技术交底。 4.巡视工地,检查施工组织设计、专项施工方案中各项技术、质量、安全保证措施落实情况,对可能危及工程实体安全或存在安全隐患的质量问题,督促施工单位限期整改。 5.参加施工单位安全生产检查、生产安全事故分析和事故调查处理工作,对存在问题提出预防措施。 6.参与代建监理机构组织的安全考核及评比工作。 7.积极学习上级部门下发的各项安全法规、文件,参加各种安全学习活动,树立爱岗敬业精神,遵守职业道德,不断提高安全防范意识和安全业务技能。 8.协助总监理工程师工作,在项目施工过程中严把技术、质量关。 9.在总监理工程师的领导下审查施工单位提交的施工组织设计和施工方案中所列的施工安全组织、安全技术措施是否符合相关要求,并向总监理工程师提出审查意见,全面负责工程技术部安全工作。 10.及时向总监理工程师反映监理工作中发现的安全问题。 11.参与或组织审查施工组织设计中的安全技术措施和危险性较大工程的专项施工方案是否符合工程建设强制性标准。发现施工单位未按已审批方案施工的,应立即采取有效措施要求整改或停工整顿,并向上级监理汇报。 12.在实施监理的过程中,检查质量的同时检查安全,发现存在安全隐患的,应当要求施工单位整改;情况严重的,应要求施工单位暂时停止施工,并及时报告上级监理工程师。

续上表

序号	类 别	制 度 名 称
7	工程技术部长及工程技术部安全职责	13.参加安全会议,接受安全教育。做好自身的安全工作,进入施工现场必须正确使用安全防护用品,遵守施工现场的安全生产纪律,防止发生安全事故。 14.法律、法规和政策规定的其他安全生产职责
8	综合办公室部长及综合办公室安全职责	1.负责代建监理机构消防安全、用电安全、交通安全管理工作等。 2.参加代建监理机构内部安全事故分析和事故调查处理工作,对存在问题提出预防措施。 3.按规定购置消防器材及劳保用品,做好劳保用品发放工作。 4.负责及时分发上级有关安全生产的文件;做好代建监理机构有关安全生产方面文件的分发和催办,督促有关部门及时处理;做好各类安全生产文件的接收、分发登记。 5.法律、法规规定的其他安全生产职责。 6.积极学习上级部门下发的各项安全法规、文件,参加各种安全学习活动,树立爱岗敬业精神,遵守职业道德,不断提高安全防范意识、安全业务技能
9	计划合约部部长安全职责	1.对施工单位进行履约检查,审核其进场安全人员的资质。 2.督促施工单位安全生产管理人员到位,发现问题要求其及时整改。 3.积极学习上级部门下发的各项安全法规,参加各种安全学习活动,树立爱岗敬业精神,遵守职业道德,不断提高安全防范意识、安全业务技能和安全监理水平。 4.认真贯彻执行国家、地方政府、上级主管部门和代建监理机构有关安全生产的方针、政策和法规。坚持"安全第一、预防为主、综合治理"方针和执行"管生产必须管安全"的原则。 5.做好自身的安全工作,进入施工现场正确使用安全防护用品,遵守施工现场的安全生产纪律,负责合同部安全工作,防止发生安全事故。 6.负责审查施工单位进场设备报验、人员资质工作,审查施工单位上报的安全生产经费,及时审批安全生产经费。 7.在巡视施工现场时,发现安全隐患应当要求施工单位负责人进行整改,施工单位拒不整改应及时向上级监理工程师报告。 8.参加安全会议,接受安全教育,及时向上级监理工程师报告安全生产经费的支付情况,完成上级监理工程师交办的其他安全工作。 9.法律、法规和政策规定的其他安全生产职责
10	综合协调部部长安全职责	1.负责监管本项目区域内管线和建筑物拆迁的安全工作。 2.监督落实管线、厂房及其他建筑物拆迁的安全生产措施。 3.组织代建监理机构和施工单位相关人员进行涉危管线(高压线、石油天然气管道)等施工交底。 4.完成上级领导交办的其他事项
11	工程监理部部长安全职责	1.积极学习上级部门下发的各项安全法规、文件,参加各种安全学习活动,树立爱岗敬业精神,遵守交通职业道德,不断提高安全防范意识、安全业务技能和安全监理水平。 2.认真贯彻执行国家、地方政府、上级主管部门和代建监理机构有关安全生产的方针、政策和法规。坚持"安全第一、预防为主、综合治理"和执行"管生产必须管安全"的原则。 3.全面负责监理部安全工作,检查、督促施工单位的安全措施和制度的落实,对自己所管辖的合同段进行巡视,重点施工工序要进行旁站。

续上表

序号	类别	制度名称
11	工程监理部部长安全职责	4. 对施工单位安全生产各项施工方案、施工组织设计、专项施工方案、特种设备检测、特种作业人员证件、安全生产经费等审核与监督。审查施工单位施工组织设计中的安全技术措施和危险性较大工程的专项施工方案是否符合工程建设强制性标准，发现施工单位未按已审批方案施工的，应立即采取有效措施要求整改或停工整顿，做好书面记录，并上报上级监理。完成上级监理工程师交办的其他工作。 5. 配合业主或代建监理机构开展的定期、不定期的安全检查工作，督促所管辖的施工合同段对存在的隐患进行整改跟踪；督促各专业监理工程师及监理员严格按相关法律、法规、标准规范进行监理旁站工作。 6. 参加安全会议，接受安全教育，及时解决监理组安全有关问题或困难；负责跟踪安全隐患整改并进行复查，及时向代建监理机构报告安全监理工作开展情况。 7. 审查施工单位施工组织设计中的安全技术措施和危险性较大工程的专项施工方案是否符合工程建设强制性标准。对签字实施的安全技术措施或者专项施工方案，进行跟踪监管，督促施工单位落实。发现施工单位未按已审批方案施工的，应立即采取有效措施要求整改或停工整顿，并上报上级监理工程师。 8. 做好自身的安全工作，进入施工现场使用好安全防护用品，遵守施工现场的安全生产纪律，防止发生安全事故。 9. 发生事故时，及时向上级监理工程师上报，并配合做好有关工作。 10. 法律、法规和政策规定的其他安全生产职责
12	试验工程师的安全职责	1. 负责试验人员岗前安全教育。 2. 督促试验人员按照规程操作。 3. 督促施工单位做好工地试验室安全用电，建立仪器设备台账，建立试验台账工作。 4. 法律、法规和政策规定的其他安全生产职责
13	测量监理工程师的安全职责	1. 积极学习上级部门下发的各项安全法规、文件，参加各种安全学习活动，树立爱岗敬业精神，遵守交通职业道德，不断提高安全防范意识、安全业务技能和安全监理水平。 2. 认真贯彻执行国家、地方政府、上级主管部门和代建监理机构有关安全生产的方针、政策和法规。坚持"安全第一、预防为主、综合治理"和执行"管生产必须管安全"的原则。 3. 严格监控现浇箱梁支架预压、基础、隧道等重要工序沉降量及变形量，不符合安全要求的，立即要求施工单位采取措施，并上报上级监理。 4. 参加安全会议，接受安全教育，做好自身的安全工作，进入施工现场使用好安全防护用品，遵守施工现场的安全生产纪律，防止发生安全事故。 5. 在测量监理过程中，发现安全隐患要求施工单位进行整改，并上报上级领导。 6. 发生事故时，及时向上级领导汇报，并配合做好有关工作。 7. 完成上级领导交办的其他工作
14	桥梁监理工程师的安全职责	1. 积极学习上级部门下发的各项安全法规、文件，参加各种安全学习活动，树立爱岗敬业精神，遵守交通职业道德，不断提高安全防范意识、安全业务技能和安全监理水平。 2. 认真贯彻执行国家、地方政府、上级主管部门、代建监理机构有关安全生产的方针、政策和法规。坚持"安全第一、预防为主、综合治理"方针和执行"管生产必须管安全"的原则。 3. 督促施工单位上报桥梁安全文明施工措施，并认真审核，提出意见，落实承包人执行情况，采取相应措施，加强对现场的管理，做到安全生产、文明施工。 4. 对桥梁施工现场各工序安全生产情况进行巡视检查，检查承包人各项安全措施的具体落实情况。对易发生事故的重点部位和环节实施旁站监理。发现存在安全事故隐患的，应当要求承包人立即进行整改，做好书面记录，情况严重的应要求承包人暂时停工，并及时向上级监理工程师上报。

续上表

序号	类别	制度名称
14	桥梁监理工程师的安全职责	5. 桥梁施工现场发生重大安全生产事故,应在规定的时间内向上级领导报告,并续报处置处理情况。有义务参与安全事故的应急救援工作。 6. 督促施工单位进行桥梁施工安全生产自查工作,参加施工现场的安全检查,不定期抽查现场特种作业持证上岗情况和特种设备的使用状况,及时建立和收集安全生产监理全过程资料。 7. 审查施工组织设计中的安全技术措施和危险性较大工程的专项施工方案是否符合工程建设强制性标准。对签字实施的安全技术措施或者专项施工方案,进行跟踪监管,督促施工单位落实。发现施工单位未按已审批方案施工的,应立即采取有效措施要求整改或停工整顿,并上报级领导。 8. 在实施监理的过程应同时进行安全检查。发现存在安全隐患的,应当要求施工单位整改,并做好书面记录;情况严重的,应当要求施工单位暂时停止施工,并及时报告代建监理机构,施工单位拒不整改或不停止施工的,应及时向上级领导或有关主管部门报告。加强对工程关键工序和事故多发作业的巡视和检查。 9. 参加安全会议、接受安全教育,做好自身的安全工作,进入施工现场使用好安全防护用品,遵守施工现场的安全生产纪律,防止发生安全事故。 10. 完成上级领导交办的其他安全工作
15	道路监理工程师的安全职责	1. 积极学习上级部门下发的各项安全法规、文件,参加各种安全学习活动,树立爱岗敬业精神,遵守交通职业道德,不断提高安全防范意识、安全业务技能和安全监理水平。 2. 认真贯彻执行国家、地方政府、上级主管部门、代建监理机构有关安全生产的方针、政策和法规。坚持"安全第一、预防为主、综合治理"和执行"管生产必须管安全"的原则。 3. 负责对路面施工现场安全生产情况进行巡视检查,检查施工单位各项安全措施的具体落实情况。对易发生事故的重点部位和环节实施旁站监理。发现存在安全事故隐患的,要求施工单位负责人立即进行整改,做好书面记录,情况严重的应当要求施工单位暂时停工,并及时上报。 4. 严格审核施工单位有关安全生产文件、计划书、现场组织体系、安全管理人员配备、安全生产技术方案及安全保证措施,审查并签署现场有关安全技术签证文件。 5. 根据施工进展情况、现场作业分布,对各道工序安全情况进行监督。 6. 路基、路面施工现场发生生产安全事故,应在规定的时间内向上级监理报告,并续报处置处理情况。 7. 督促施工单位进行路基施工安全生产自查工作,参加施工现场的安全检查,不定期抽查现场持证上岗情况和施工机械设备的使用状况。 8. 审查施工单位施工组织设计中的安全技术措施和危险性较大工程的专项施工方案是否符合工程建设强制性标准。发现施工单位未按已审批方案施工的,应立即采取有效措施要求整改或停工整顿,并向上级监理汇报。 9. 在实施监理的过程,发现存在安全隐患的,应当要求施工单位整改,做好书面记录;情况严重的,应当要求施工单位暂时停止施工,并及时向上级领导报告,施工单位拒不整改或不停止施工的,应及时向上级或有关主管部门报告。对工程关键工序和事故多发作业进行巡视和检查。 10. 参加安全会议、接受安全教育,做好自身的安全工作,进入施工现场正确使用安全防护用品,遵守施工现场的安全生产纪律,防止发生安全事故。完成上级领导交办的其他工作

续上表

序号	类别	制度名称
16	其他专业监理工程师	1. 负责相应专业范围的现场安全监理工作。 2. 审查施工单位施工组织设计、专项施工方案中相应专业范围的安全内容。 3. 参加施工单位相应专业范围的一、二级安全技术交底。 4. 巡查工地,对施工活动进行全过程控制,检查现场施工方法、施工工序是否按施工方案实施,对施工中存在的安全隐患及时要求进行整改,督促、落实,并根据情况及时报告。 5. 督促施工单位进行安全自查工作,参加施工现场的安全生产检查,不定期抽查现场特种作业人员、安全管理人员持证上岗情况。 6. 填写监理日志,内容包括施工中有关安全监理工作。 7. 法律、法规规定的其他安全生产职责

4)安全保障体系

安全保证体系见图4-12。

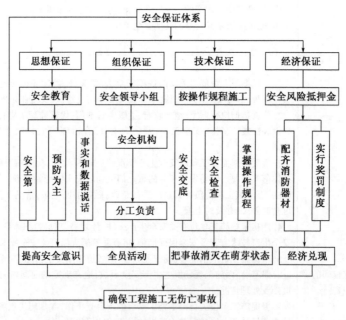

图4-12 安全保证体系

5)安全生产控制程序

监督施工单位按照国家有关法律法规、工程建设强制性标准和经审查同意的施工组织设计或专项施工方案组织施工,制止违规作业。

督促施工单位定期进行安全生产自查工作(班组检查、项目部检查、公司检查),并将检查结果报送代建监理机构。

督促施工单位,分阶段进行自查自评。代建监理机构根据现场安全实况和自查自评情况,认真、公平公正地进行审查自评,填写有关报表,报业主备案。

对施工单位安全生产情况的巡视检查。监理工程师对施工现场安全生产情况进行巡视检查,监督施工单位落实各项安全措施;发现有违规施工和存在安全隐患的,要求施工单位整改;情况严重的,由总监工程师下达工程暂停施工令,并报告建设单位;施工单位拒不整改或不停止施工的,应及时向当地政府有关部门书面报告。

在定期召开的监理会议上,将安全生产列入会议主要内容之一,评述现场安全生产现状和存在问题,提出整改要求,制订预防措施,使安全生产工作落到实处;发现施工单位违反安全施工有关要求时,应在监理例会上提出或签发《监理指令》,责成施工单位整改;在《监理月报》中向建设单位汇报有关安全文明施工情况。

在日常的现场巡视、检查工作中,若发现存在违反强制性建设标准的现象,或安全事故隐患,应首先口头通知施工方,要求立即采取措施整改,并及时采用书面通知予以确认;未按期整改且无整改措施时,专业监理工程师或总监理工程师应及时向施工方实施签发书面通知、指令的措施;在签发书面通知.指令时应注意文件的时效性。书面通知应采用"监理通知书"或"监理指令"的形式。

当签发书面通知、指令后,仍未采取措施整改时,应当组织建设单位、施工单位及其他参见单位召开专题监理例会,对书面通知、指令中的内容,结合强制性建设标准加以强调;要求责任方说明原因,落实整改措施,明确计划整改完成的时间,同时要求责任方明确在后序工作中对类似问题的预控措施,并形成例会纪要。

在签发书面通知、指令或召开专题例会后,仍不及时整改,或拒不整改,情况严重的应当要求施工方暂时停止施工,并由总监签发"工程暂停令",同时报告建设单位。"暂停"的部位视工程情况,可以是整个工程暂停,也可以是局部工程暂停。若"工程暂停令"发出去后执行效果不佳,可进一步向建设单位提出加强与施工企业管理部门协调,要求其参与执行。

若施工单位拒不整改或不停止施工的,总监理工程师应及时以书面形式向有关交通主管部门报告。

安全生产管理流程如图4-13所示。

4.4.3 专项安全生产管理

专项安全生产管理包括:"教育培训"(安全生产教育培训管理),"危险源分析及控制"(危险源分析及控制),"专项方案"(危险性较大的分部、分项工程专项施工方案管理),"排查治理"(安全隐患排查治理),"特种设备"(特种设备管理),"应急管理"(应急预案管理),"人员管理"(三类人员、特种作业人员和劳务队伍的动态管理),"事故报告"(安全事故报告),"费用管理"(安全生产费用使用管理)。

专项安全生产管理应符合国家法律法规和项目所在地相关规定。

1)安全教育培训管理

(1)施工单位要采取灵活多样的形式,充分运用墙报、板报、专栏、宣传画、标语、口号和各种会议等手段,开展经常性的安全知识、安全技能、安全法律法规的宣传工作,努力营造浓厚的安全文化氛围。

(2)施工单位每月要召开一次由项目经理亲自主持的安全生产专题会议,布置本标段当月的安全生产工作,根据施工进度及本标段重大危险源的控制情况,落实预防措施,保证人、财、物的投入,保证各项安全生产管理活动的正常开展,对监理、业主或其他有关部门提出的安全隐患整改意见进行落实。

(3)代建监理机构每季度要召开一次由总监理工程师亲自主持的安全生产形势分析会议,查找本监理合同段安全管理的薄弱环节,指出本监理合同段的安全监管重点,并落实监管责任人。

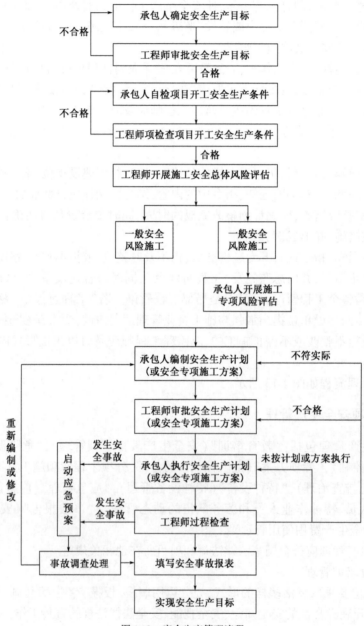

图 4-13　安全生产管理流程

代建监理机构每季度要组织一次安全生产专题会议,总结前一季度安全生产工作,布置本季度安全生产工作任务。

召开安全生产会议要有会议纪要和与会者的签名或有其他声像资料并存档备查。

2)风险源分析及监控

督促施工单位建立重大危险源辨识、评估小组,并对重大危险源进行风险评估论证。

认真审查上报的重大危险源风险评估报告和安全专项施工方案,从源头进行安全管控。

施工安全生产风险评估是明确和监控施工安全重大危险源、增强施工安全风险意识、规范预案预警预控管理、有效降低施工风险和严防重特大事故发生的有效措施。

(1)本项目总体风险评估、专项风险评估工作由合同施工单位具体实施,代建监理机构参加。当施工单位的施工经验或能力不足时,可委托行业内安全评估机构承担相关风险评估工作。评估工作负责人应当具有 5 年以上的工程管理经验,并有参与类似工程施工的经历。

(2)风险评估工作应形成评估报告。评估报告应反映风险评估过程的主要工作。报告内容应包括评估依据、工程概况、评估方法、评估步骤、评估内容、评估结论及对策建议等。评估结论应当明确风险等级、可能发生事故的关键部位、区域或节点、事故可能性等级、规避或者降低风险的建议措施等内容。

(3)施工单位应根据风险评估结论,完善施工组织设计和危险性较大工程专项施工方案,制订相应的专项应急预案,对项目施工过程实施预警预控,尤其是专项风险等级在Ⅲ级(高度风险)及以上的施工作业活动(施工区段)的风险控制。

(4)专项风险评估报告未审批,不得签发相应开工令。

工程开工后,代建监理机构应督查施工单位安全风险控制措施的落实情况,并予以记录。对施工中存在的重大隐患应及时指出并督促整改,对施工单位拒不整改的,根据相应规定进行处罚。桥梁和高边坡工程施工安全风险评估应遵循动态管理的原则,当工程设计方案、施工方案、工程地质、水文地质、施工队伍等发生重大变化时,应重新进行风险评估。

风险评估报告的内容如表 4-21 所示。

风险评估报告的内容　　　　表 4-21

名　称	制 度 名 称
风险评估报告的内容	1.编制依据 (1)项目风险管理方针及策略。 (2)相关的国家和行业标准、规范及规定。 (3)项目设计和施工方面的文件。 (4)项目各阶段(工程可行性研究、初步设计、详细设计等)审查意见。 (5)设计阶段风险评估成果。 2.工程概况 3.评估过程和评估方法 4.评估内容 (1)总体风险评估。 (2)专项风险评估,包括风险源普查、辨识、分析以及重大风险源的估测。 5.对策措施及建议 6 评估结论 (1)重大风险源风险等级汇总。 (2)Ⅲ级和Ⅳ级风险存在的部位、方式等情况。 (3)分析评估结果的科学性、可行性、合理性及存在的问题

来源:《公路工程施工安全技术规范》(JTG F90)附录 C。

3) 安全专项方案管理

建设中的生产用电、路基工程、桥涵工程、各主要工序、特殊季节与夜间施工等施工作业存在较大的危险、危害因素,易造成群死群伤事故,因此各施工单位应本着"预防为主"的方针,在施工前根据交通运输部《公路工程施工安全技术规范》(JTG F90)及其他有关规定,结合自身的施工特点和特定施工环境制订出切实可行的安全技术方案。

(1)安全技术方案必须全面,并具有针对性,要根据施工工程的结构特点、施工方法、施工机具设备、作业环境、各类施工人员的素质等实际情况,明确具体地提出应采取的措施和注意事项;施工单位对因建设工程施工可能造成损害的毗邻建筑物、构筑物和地下管线等,应当采取专项防护措施。

(2)施工现场需要的电气设施,必须纳入施工组织计划中。应有设计、计划、平面布置图及说明。

(3)施工组织设计或施工方案中的安全技术方案,由施工单位的相关工程技术人员编制,经项目部安全负责人审批,交由代建监理机构审核后实施。

(4)施工现场的各项安全技术方案的实施情况,应由工程技术人员、专职安全管理人员和专业工程师人员进行验收审核。施工单位第一责任人每月要亲自带队到现场检查一次安全技术方案的落实情况,专职安全管理人员每日要巡查,重点部位要进行全过程旁站,对发现的问题应立即整改。

(5)对发生的各类因工伤亡事故,要组织有关部门和人员对事故原因进行调查分析,并提出相应的技术防范措施。

(6)施工单位要认真总结、推广安全生产中的技术革新和技术改造成果,积极采用安全新技术,不断促进安全技术进步。

专项施工方案的主要内容如表 4-22 所示。

专项施工方案的主要内容　　　　　　　　　　　表 4-22

名　称	制　度　名　称
专项施工方案的主要内容	(1)工程概况:工程基本情况、施工平面布置、施工要求和技术保证条件。 (2)编制依据:相关法律、法规、规范性文件、标准、规范及图纸(国标图集)、施工组织设计等。 (3)施工计划:包括施工进度计划、材料与设备计划。 (4)施工工艺技术:技术参数、工艺流程、施工方法、检查验收等。 (5)施工安全保证措施:组织保障、技术措施、应急预案、监测监控。 (6)劳动力:专职安全管理人员、特种作业人员等。 (7)计算书及相关图纸

来源:《公路工程施工安全技术规范》(JTG F90)附录 B。

4) 安全排查与治理

(1)事前预控。

①检查施工单位现场项目组织机构中安全管理、安全保障体系、专职安检员落实和到岗情况。

②审查施工单位、分包单位的安全资质。

③督促施工单位与业主签定安全生产责任书。

④检查施工单位项目部安全生产责任制、安全管理规章制度、安全操作规程的制订和执行情况。

⑤审查施工单位报送的施工组织设计或专项施工方案的安全措施,是否符合法律、法规和强制性标准,并具有针对性、可靠性、可操作性;安全技术措施要求附计算书(支架、模板);施工组织设计和专项施工方案必须得到监理工程师的批准。

⑥检查施工单位对进场施工人员和上岗人员是否进行安全教育和培训。

⑦审查电工、焊工、起重工及指挥人员等特殊作业人员的资格及上岗证。

⑧检查施工机械设备、起重设备和电器设备等的合格证、准用证是否符合规范要求。

⑨检查施工现场的总平面布置是否安全合理,施工区、库区、办公区、生活区、配电房等临时设施的布置及施工场地、交通道路、排污、防火、防爆、防雷、防触电是否符合有关安全技术规范要求。

⑩检查安全费用投入、费用使用计划;是否制订有发生事故应急救援预案。

(2)事中监督。

①检查施工单位是否按施工组织设计或专项施工方案中的安全技术措施组织施工。

②监督施工单位对高危作业进行安全技术措施交底,并参加交底会。

③每天进行安全监理巡视,重点放在"三宝""四口""五临边"和施工用电。

④发现未按安全技术措施组织施工、违章操作、乱指挥、冒险作业等安全隐患时,书面通知责令整改,改后回复,进行复查;情况严重时及时报告总监理工程师,签发暂停令,报告业主,隐患消除后可允许复工。施工单位拒不整改的,直接向行政主管部门汇报。

⑤督促施工单位有关人员每天对施工用电、垂直运输设备、施工机械要做安全例行检查。

⑥每天将安全检查情况写入《监理日志》。

⑦定期组织安全大检查,查出安全问题,下达限期整改通知,并跟踪检查。

(3)事后总结。

①对未遂事故不能轻易放过,责令施工单位制订整改措施,调查整改措施落实情况,进行通报批评,引以为戒。

②每月监理例会:总结上月安全情况,分析存在的安全隐患,对施工单位提出安全生产要求。

③每月监理月报:对当月现场安全工作情况总结;发现哪些问题,整改落实情况,评价当月安全监理情况,下月安全监理工作安排。

④出现安全事故后,要做到"四不放过",事故原因没有查清不放过,防范措施没有落实不放过,群众和相关责任人没有接受教育不放过,相关责任人没有处理不放过。

5)安全监理保证措施

(1)定期的安全检查。

代建监理机构安全管理负责人及专职安全监理工程师会同业主安全领导小组每月组织一次全线的安全生产联合大检查,对在检查中发现的安全问题要求施工单位及时整改,并写出书面的整改报告。

(2)不定期的巡视检查。

代建监理机构专职安全监理工程师和现场监理人员不定期巡检施工现场的生产安全情

况,并要求项目部主管安全生产的负责人配合检查,认真检查各项安全制度的落实情况及各项安全措施是否有效。发现问题及安全隐患,立即先口头要求项目部进行整改,并发出监理通知单,要求在规定的时间内整改完毕,将整改结果以书面形式回执代建监理机构安全部。监理工程师将情况及整改工作详细填写监理安全巡查记录表,并要求项目部安全生产负责人现场签认情况记录,安全监理工程师将每次安全巡检记录发出的书面通知,写入安全管理台账,整理归档。

(3)安全工作汇报。

项目部每月就本标段安全生产执行情况做专题汇报。在施工过程中,一旦发生事故,必须最短的时间内上报代建监理机构,不得隐瞒虚报;现场监理人员在巡视和旁站过程中,发现事故隐患或安全事故,应立即将有关情况上报代建监理机构,并采取必要的措施防止事态扩大,如发现故意拖延或隐瞒不报,将按有关规定严肃处理。

(4)安全生产会议。

代建监理机构安全负责人要每月定期召开生产安全会议,也可以与工地例会一并召开,会议要强调安全生产主题,要求项目负责人汇报本月安全施工的工作情况,以及业主、代建监理机构在检查中发现的安全隐患及要求整改措施的落实情况,安全监理工程师对各标段的生产安全及安全保证措施进行说明,并对以后的安全生产具体要求做出指示。

(5)安全生产专题会议。

安全监理工程师在巡检工作中,如发现有发生安全事故的苗头,或已经发生的安全事故,认为有必要或者必须暂停施工进行整改处理的,应立即通知(先口头后书面)承包人停止施工,并将情况汇报代建监理机构安全负责人及业主,并要求项目部主要负责人到现场,会同代建监理机构、业主负责人对现场具体情况进行调查、鉴证。由代建监理机构安全负责人主持召开安全专题会议,对发生的安全隐患或已经造成的事故损害进行调查分析、澄清、提出补救或处理事故措施及整改要求,做详细的会议记录,并将会议纪要通报项目经理部。

(6)处罚措施。

安全监理工程师对每次巡检安全生产执行情况的记录台账,安全生产监理通知单及监理工程师下发的专题安全监理指示,都将作为项目部综合评分的重要组成部分,也是对项目部安全责任人和主管安全的主要负责人的考核标准、重要的评价因素。对于安全责任心不强、安全保证措施不落实,对监理工程师口头或书面提出的整改要求拖延落实或拒不执行的,监理工程师有权提出将不负责任的具体人员清除出场的决定;上报代建监理机构做出人员清退出场的监理指示,并上报业主,对项目部作出违约处罚;监理工程师在现场巡检过程中对发现违反安全生产规定、违规操作、安全指示不明确、安全防护不到位等情况,可口头发出警告,要求项目部立即整改落实,并限期要求项目部汇报整改落实情况,如果警告后未见具体落实,或者已经发现有安全事故苗头出现,可以以书面的监理指示发出严重警告,强制要求进行整改,并将情况上报业主处理。并跟踪整改落实结果。对于无视监理警告、忽视生产安全、屡教不改的行为,代建监理机构将会同业主作出撤换项目部相关人员的处理决定,并书面通报。

6)特种设备安全管理

根据国务院关于修改《特种设备安全监察条例》的决定(中华人民共和国国务院令第549号),项目方制订特种设备管理制度。使用过程中,按项目管理程序分级管理,明确责任,确保使用符合制度和法规。

施工中使用的特种设备(包括龙门式起重机、汽车式起重机、塔式起重机、吊笼、电梯、架桥机、整体提升式脚手架、滑模、爬模等),必须先经当地质量技术监督部门进行安全技术性能检测,获得合格证后方可使用。施工用地场内机械(包括运输汽车、推土机、平地机、压路机、挖掘机、铲车等)要进行安全性能检测,驾驶员要持证上岗。所有特种设备要登记造册(按安全模块的相关要求),并报监理、业主备案。

特种设备名录见表4-23。

特种设备名录　　　　　　　　　　　　　　　　　　　表4-23

名　　称	特种设备
特种设备名录	1.锅炉,是指利用各种燃料、电或者其他能源,将所盛装的液体加热到一定的参数,并对外输出热能的设备。其范围规定为容积大于或者等于30L的承压蒸汽锅炉;出口水压大于或者等于0.1MPa(表压),且额定功率大于或者等于0.1MW的承压热水锅炉;有机热载体锅炉。 2.压力容器,是指盛装气体或者液体,承载一定压力的密闭设备。其范围规定为最高工作压力大于或者等于0.1MPa(表压),且压力与容积的乘积大于或者等于2.5MPa·L的气体、液化气体和最高工作温度高于或者等于标准沸点的液体的固定式容器和移动式容器;盛装公称工作压力大于或者等于0.2MPa(表压),且压力与容积的乘积大于或者等于1.0MPa·L的气体、液化气体和标准沸点等于或者低于60℃液体的气瓶;氧舱等。 3.压力管道,是指利用一定的压力,用于输送气体或者液体的管状设备。其范围规定为最高工作压力大于或者等于0.1MPa(表压)的气体、液化气体、蒸汽介质或者可燃、易爆、有毒、有腐蚀性、最高工作温度高于或者等于标准沸点的液体介质,且公称直径大于25mm的管道。 4.电梯,是指动力驱动,利用沿刚性导轨运行的箱体或者沿固定线路运行的梯级(踏步),进行升降或平行运送人、货物的机电设备。包括载人(货)电梯、自动扶梯、自动人行道等。 5.起重机械,是指用于垂直升降或者垂直升降并水平移动重物的机电设备。 其范围规定为额定起重量大于或者等于0.5t的升降机;额定起重量大于或者等于1t,且提升高度大于或者等于2m的起重机和承重形式固定的电动葫芦等。 6.场(厂)内专用机动车辆,是指仅在工厂厂区、施工场地等特定区域使用的叉车、搬运车、牵引车、推顶车等专用机动车辆

来源:《公路工程施工安全技术规范》(JTG F90)附录E。

7)应急处置安全管理

按照项目安全生产管理制度,建立应急管理体系,依据法律、法规,编制应急预案。按照事故发生的性质,启动应急预案。

8)三类人员安全管理

特种作业人员,必须按照国家有关规定经过专门的安全作业培训,并取得特种作业操作资格证书后,方可上岗作业。

爆破作业人员要经当地公安机关培训考核合格,取得《爆破员作业证》后持证上岗。

特殊作业人员范围见表4-24。

特殊作业人员范围　　　　　　　　　　　　　　　　　表4-24

名　　称	制度名称
特殊作业 人员范围	1.电工。 2.焊接与热切割作业人员。 3.架子工。

续上表

名　　称	制 度 名 称
特殊作业 人员范围	4. 起重信号司索工。 5. 起重机械司机。 6. 起重机械安装拆卸工。 7. 高处作业吊篮安装拆卸工。 8. 锅炉司炉。 9. 压力容器操作人员。 10. 电梯司机。 11. 场(厂)内专用机动车司机。 12. 制冷与空调作业人员。 13. 从事爆破工作的爆破员、安全员、保管员。 14. 瓦斯监测员。 15. 工程船舶船员。 16. 潜水员。 17. 国家有关部门认定的其他作业人员

来源:《公路工程施工安全技术规范》(JTG F90)附录 D。

9)安全事故报告处理

(1)根据生产安全事故(以下简称事故)造成的人员伤亡或者直接经济损失,事故一般分为以下等级:

①特别重大事故,是指造成 30 人以上死亡,或者 100 人以上重伤(包括急性工业中毒,下同),或者 1 亿元以上直接经济损失的事故。

②重大事故,是指造成 10 人以上 30 人以下死亡,或者 50 人以上 100 人以下重伤,或者5000 万元以上 1 亿元以下直接经济损失的事故。

③较大事故,是指造成 3 人以上 10 人以下死亡,或者 10 人以上 50 人以下重伤,或者 1000万元以上 5000 万元以下直接经济损失的事故。

④一般事故,是指造成 3 人以下死亡,或者 10 人以下重伤,或者 1000 万元以下直接经济损失的事故。

注:这里所称的"以上"包括本数,所称的"以下"不包括本数。

(2)事故发生后,事故现场有关人员应当立即向本单位负责人报告;单位负责人接到报告后,应当于 1h 内向代建监理机构和事故发生地县级以上人民政府安全生产监督管理部门和负有安全生产监督管理职责的有关部门报告。情况紧急时,事故现场有关人员可以直接向事故发生地县级以上人民政府安全生产监督管理部门和负有安全生产监督管理职责的有关部门报告。

(3)事故报告应当及时、准确、完整,任何单位和个人对事故不得迟报、漏报、谎报或者瞒报。事故调查处理应当坚持实事求是、尊重科学的原则,及时、准确地查清事故经过、事故原因和事故损失,查明事故性质,认定事故责任,总结事故教训,提出整改措施,并对事故责任者依法追究责任。

(4)报告事故应当包括下列内容:

①事故发生单位概况。

②事故发生的时间、地点及事故现场情况。

③事故的简要经过。

④事故已经造成或者可能造成的伤亡人数(包括下落不明的人数)和初步估计的直接经济损失。

⑤已经采取的措施。

⑥其他应当报告的情况。

(5)事故报告后出现新情况的,应当及时补报。自事故发生之日起30日内,事故造成的伤亡人数发生变化的,应当及时补报。道路交通事故、火灾事故自发生之日起7日内,事故造成的伤亡人数发生变化的,应当及时补报。

(6)事故发生单位负责人接到事故报告后,应当立即启动相应事故应急预案,或者采取有效措施,组织抢救,防止事故扩大,减少人员伤亡和财产损失。事故发生后,有关单位和人员应当妥善保护事故现场及相关证据,任何单位和个人不得破坏事故现场、毁灭相关证据。因抢救人员、防止事故扩大及疏通交通等原因,需要移动事故现场物件的,应当做出标志,绘制现场简图并做出书面记录,妥善保存现场重要痕迹、物证。

(7)特别重大事故以下等级事故,事故发生地与事故发生单位不在同一个县级以上行政区域的,由事故发生地人民政府负责调查,事故发生单位所在地人民政府应当派人参加。事故调查组的组成应当遵循精简、效能的原则。

事故报告规定见表4-25。

事 故 报 告 规 定　　　　　　　表4-25

事故类型	上报部门	时限	报告有关部门
一般事故	施工企业	单位负责人接到报告后,应当于1h内	向事故发生地县级以上人民政府应急管理部门和负有安全生产监督管理职责的有关部门报告。上报至设区的市级人民政府应急管理部门和负有安全生产监督管理职责的有关部门
较大事故	施工企业	单位负责人接到报告后,应当于1h内	向事故发生地县级以上人民政府应急管理部门和负有安全生产监督管理职责的有关部门报告,逐级上报至省、自治区、直辖市人民政府应急管理部门和负有安全生产监督管理职责的有关部门
特别重大事故、重大事故	施工企业	单位负责人接到报告后,应当于1h内	向事故发生地县级以上人民政府应急管理部门和负有安全生产监督管理职责的有关部门报告,逐级上报至国务院应急管理部门和负有安全生产监督管理职责的有关部门

(8)事故调查组履行下列职责:

①查明事故发生的经过、原因、人员伤亡情况及直接经济损失。

②认定事故的性质和事故责任。

③提出对事故责任者的处理建议。

④总结事故教训,提出防范和整改措施。

⑤提交事故调查报告。

(9)事故调查组有权向有关单位和个人了解与事故有关的情况,并要求其提供相关文件、资料,有关单位和个人不得拒绝。事故发生单位的负责人和有关人员在事故调查期间不得擅离职守,并应当随时接受事故调查组的询问,如实提供有关情况。

（10）事故发生单位应当认真吸取事故教训，落实防范和整改措施，防止事故再次发生。防范和整改措施的落实情况应当接受工会和职工的监督。

（11）参建单位的主要负责人未履行本法规定的安全生产管理职责的，责令限期改正；逾期未改正的，处二万元以上五万元以下的罚款。

10）安全生产费用管理

安全生产费用实行专款专用，任何人不得以任何名义克扣、挤占或者挪用。施工单位应当建立健全工程项目安全生产费用管理、计取和使用制度，明确安全生产费用管理、计取和使用的程序、职责及权限。

（1）项目安全生产费用应当在以下范围内使用：

①设置、完善、改造和维护安全防护设备、设施费用。

②配备、维护、保养应急救援器材、设备和应急演练费用。

③重大风险源和事故隐患评估、监控和整改费用。

④安全生产检查、评估、咨询和标准化建设费用。

⑤配备和更新现场作业人员安全防护用品费用。

⑥安全生产宣传、教育培训费用。

⑦安全生产适用的新技术、新标准、新工艺、新装备的推广应用费用。

⑧安全设施及特种设备检测检验费用。

⑨其他安全生产费用。在项目实施过程中发生不可预见的，经代建监理认可，可在安全生产费中列支的其他与安全生产直接相关的费用。

（2）施工单位进场后，应当在施工组织方案中明确本项目的安全生产技术措施及安全生产费用的详细使用计划，并报代建监理审批。

（3）工程实施过程中，施工单位应当按照招标文件要求及安全生产费用使用计划，根据实际情况编报当月投入使用的安全生产费用使用报表和计量申请表，并报送下月安全生产费用使用计划，经项目经理签字并盖章后与当月工程计量支付申请同时报送专业工程师审核。

（4）施工单位依法将工程进行分包的，分包合同中应当明确由分包人实施的安全措施、分包工程安全生产费用及支付等条款。施工单位存在劳务合作的，劳务人员在本项目所发生的安全生产费用由施工单位承担。

（5）代建监理对施工单位安全生产费用计取、支付、使用进行监督管理与检查，并及时公布检查结果，确保资金专款专用。检查中发现施工单位在施工现场存在安全隐患或者未落实安全生产费用的，应当提出要求其改正，施工单位拒不改正的，代建监理可暂时停止安全经费的计量支付。代建监理对签字确认的安全生产费用使用报表和支付证书审核确认后，与当月工程款同时支付给施工单位。

（6）安全生产费用实际投入使用少于合同中规定的安全生产费用总额，并且经代建监理核实，施工单位确实已按相关规定落实安全生产措施的，代建监理不得支付余额部分的安全生产费用。

4.4.4 安全生产档案管理

参建单位均应建立起完整的安全生产管理档案，主要包括：

(1)收、发的有关安全生产文件。
(2)安全组织、机构、人员资料。
(3)安全管理制度、责任制度、操作规程。
(4)安全应急预案、演练记录。
(5)施工车辆、场内机械、特种机械设备档案。
(6)特种作业人员登记表及上岗证件。
(7)安全总结、计划;报告、报表。
(8)安全检查、整改记录,罚款单。
(9)安全教育、安全交底记录,安全宣传录像。
(10)安全经费投入记录。
(11)安全生产事故报告、调查资料。
(12)炸药等危险化学品的购买、储存许可证等资料。

4.4.5 安全管理考核评价

安全管理考核评价即"平安工地"考核评价,应按相关规定执行。

4.5 环境保护、水土保持管理

环境保护及水土保持管理是指为使工程施工符合环境和水土保护的要求,如噪声、废气、污水等排放应达到有关标准进行的计划、组织、控制、监测等活动。

环境保护、水土保持管理,环保监理、水保监理和监测需要单独委托资质单位,代建做好组织工作。

4.5.1 环境保护主要内容与工作目标

(1)工程项目环境保护的主要内容包括沿线生态环境、声环境、水环境、大气环境。
(2)高速公路项目环境保护工作目标是预防高速公路建设对环境造成的不良影响,施工符合环境保护要求,噪声、废气、污水等排放达到有关标准,实现人与自然的和谐发展、公路与自然景观的相互融合。

4.5.2 环境保护措施

1)施工临时用地规划、布置应充分考虑环境保护的要求

(1)全面规划、合理布局、统筹安排建设用地,按照"安全、环保、合理、适用"的原则规划项目经理部、取土场、弃渣场、临时道路、水池、油库、炸药库等。施工临时用地(包括项目经理部、拌和站、预制场等)规划、布置应充分考虑环境保护的要求,对规划不合理、设计不达标的用地不予批准。

(2)混凝土拌和场、预制场、机械加工点均设置在远离居民区、学校等环境敏感点300m以外的下风向处,如受条件限制无法满足时,应采取适当的防范和隔离措施。堆料场远离饮用水源地、河、渠、池塘等地表水体。

(3)施工现场标出用地红线,确定征地范围后,应对征地范围内的国家保护植物(如珍稀濒危植物、古树名树等)做好标记,并提出针对性的保护措施(必要时应取得相关部门的同意),对需要迁移的树木,应先选好移栽位置,并采取措施确保树木成活。

(4)禁止超范围砍伐红线外的植被,确有必要时应取得植被所有者和项目公司主管部门的许可,明确保护目标和保护范围,最大程度的避免对周围植被和土地资源的破坏。

(5)实行严格的耕地保护制度,施工临时用地尽量设置在荒山、荒地上,不占或少占农田。

(6)施工便道尽量使用原有道路,新修便道尽量少占耕地、少砍伐树木、少破坏植被,最大限度地减轻对自然景观的破坏。新建施工便道两侧采取排水及防护措施,按照"适地适树、适地适草"原则在施工便道边坡植树种草,尽快恢复沿线植被。

(7)取土场尽量选择荒地,不占耕地。取土时要注意地形与排水,取土后地表要平整,不准乱挖乱采,并将表层土皮保留,以便回填清除的地表耕植土复耕或还林,或作为水塘,覆土工作结束后,对于新租占的堆土场地必须进行植被恢复,防止人为增加新的水土流失,同时结合取土场周围环境、土地的利用情况,合理进行取土场的后期土地整治工作,分别采取恢复耕地或造林等植物措施,使取土场区与周围环境相互协调和融合。

(8)弃土(渣)场的设置应严格按设计,并严格控制用地规模,不得超出设计规模增加用地数量、更改弃土(渣)场位置或随意改变其他设计内容。任何弃土(渣)场的设计变更需报批,未经批准不得擅自更改弃土(渣)场场址及扩大占地。对于设在河谷的弃土(渣)场,在开始弃土(渣)之前,必须先在弃土(渣)场适当位置修建长度、高度足够的挡渣堤或挡渣墙,以防止弃土和弃渣被水流冲入河道。弃土(渣)场内,禁止随意倾倒,对因土石方随意倾倒,破坏了地表植被已经造成了水土流失的,应马上采取措施将土石方运走,并补修挡土墙,整理坡面,覆土植草,尽快恢复植被。

(9)废弃的土石方不得随意堆放、抛弃,所有的弃方均应运至设计好的弃渣场堆放。山坡弃土(渣)应避免破坏林木、农田和管线等其他工程设施,如有条件应结合废方造地。在施工过程中必须对弃土(渣)场采取措施进行先期防护和临时性防护。弃土(渣)前,对弃土(渣)场地表层土壤保留,用于地表耕种土。弃土(渣)过程中,应分层进行并及时碾实;应加强管理,禁止乱排乱弃;有条件的情况下,可对弃土和弃渣采取临时性覆盖措施,以减小降雨对弃土和弃渣造成的侵蚀。对于弃土(渣)完毕的弃土(渣)场,还应采取减小边坡坡度、分级、干砌石护脚及植物(复林、草植被)措施等进行防护。

(10)施工结束后,沿线施工营地、施工便道、拌和站、预制场等临时占地及弃渣场应复垦或恢复林、草植被。将临时占用的耕地部分复垦,恢复成农用地,在清理废渣和废料、拆除临时建筑、清除硬化层后,将压实的土地翻松、整平,适当布设土梗,恢复破坏的排水、灌溉系统。对临时占用的林地、荒地,在把废渣、废料和临时建筑拆除清理后,平整场地,充分利用表土恢复林、草植被。对于不需保留的施工便道,在施工结束后尽量深翻,播种豆科牧草改土,一两年后恢复为耕地。对于需保留的便道,施工单位应在退场前对其修整,保持畅通,并完善沿线环境绿化。

(11)在工地及周边设立爱护野生动物和自然植被的宣传牌,施工人员进场后,立即进行生态保护教育,明确保护责任。宣传和教育的内容包括生物多样性的科普知识和相关法规、当地重点野生动植物的简易识别和保护方法等。在教育的同时,采取适当奖惩措施,奖励保护生

4 工程项目施工阶段管理

态环境的积极分子,处罚破坏生态环境的人员。

(12)在各施工场地出入口醒目位置设立告示牌,明确标示工程承包人、工程范围及环保与水保监督电话,接受社会各界的监督。

2)路基防护、排水工程施工主要环保措施及防治

(1)路基应严格遵照设计要求,先防护后施工。路基、路堑边坡视高度、土质、岩石风化程度及稳定情况,按设计要求进行锚固、喷护、浆砌片石坡面防护、草皮防护、砌筑挡墙及护面墙防护等。挖方高度大的,按设计要求设置碎落台。路堤边坡视高度、填料性质、水文条件,采用护脚、挡土墙、拱型护坡、浆砌片石护坡、护坡道、绿化等方式防护。

(2)全线排水沟、边沟、截水沟、急流槽、沉淀池等相互连接、配套使用,形成完善的排水系统,以尽快将路基范围内的地表水及地下水引出路基以外。

(3)有一定汇水面积的路堑开挖前先在挖方坡顶按设计要求挖设截水沟,铺砌防护,把水流集中引出路基以外。施工时由上到下,逐级开挖,开挖一级防护一级。并应尽快砌筑护坡、排水沟、急流槽等设施,以防止坡面崩塌。

(4)路基的防护施工紧跟开挖、填筑工序,边开挖填筑边防护,缩短施工作业面暴露的时间,绿化植草防护需紧跟,尽快选用根系发达、适应性强的多年生草种及时植草防护。

(5)提高路堤填筑和深路堑开挖坡面的稳定性,防止水土流失。

(6)路堤填筑前先挖排水沟,结合地形和汇水面积在排水沟出口处设沉沙池或临时沉淀池,沉沙(淀)池出口处设土工布围栏拦截泥沙。

(7)在临时堆土区设土工布围栏,以拦截泥沙减少水土流失。

(8)随时注意天气变化,收集气象信息,雨季来临前尽早疏通工地附近沟渠,以便暴雨来临时及时排洪、排涝。不良地质地段路基施工尽量避开雨季。雨季施工应做好防、排水工作。

3)路面工程施工主要环保措施及防治

(1)施工单位应配备一定数量的洒水车,对临时道路、拌和站等进行洒水处理,主要在干旱无雨天气和大风天气,以减轻扬尘污染;对于易洒落粉状物料的堆场,应采取防风遮盖措施,以减少扬尘;水泥、砂等易洒落散装物料的运输,应采取防风遮盖措施,尤其在干旱大风天气,以减少扬尘。

(2)沥青混合料应集中场站搅拌,其设备污染物排放应符合《大气污染物综合排放标准》(BG 16297)中的一级标准的规定。搅拌场站必须设在离居民区、学校等环境敏感点300m以外的下风向处,且不能采用开敞式或半封闭式沥青熬化作业。

(3)因路拌工艺易对环境产生粉尘污染,施工中应采用场拌,公路施工的储料场、拌和站应设于空旷的地方,相距200m范围内不得有集中居住区、学校等。

4)桥涵工程施工主要环保措施及防治

(1)桥涵施工需采取有效措施,防止泥土、石块阻塞河流、水渠或灌溉排水系统,确保防洪排涝的安全,尽量减少对农田灌溉和水利设施的干扰或破坏。

(2)选择枯水期或平水期进行桥涵水下基础施工,尽量避开雨季、汛期。

(3)钻孔灌注桩施工时,禁止随地排放泥浆,水上桩基应配备专用的泥浆船或泥浆输送管泵,用来造浆循环及运送废弃泥浆,禁止将泥浆直接排入河道、沟渠。沉淀池禁止设在正线路基上,其开挖深度不得超过2m,以便于晾晒处理。桩基施工完毕,循环池和沉淀池应清淤回填,分层碾压。

(4)为防止桥梁墩、台弃渣压缩河道,使桥梁上下游河岸受冲刷破坏,在桥梁上下游一定范围内河岸坡迎水面及桥台锥形护坡地带采用浆砌片石防护。

(5)涵洞出口应与附近水沟、河流顺接,以防止水流冲刷下游农田、道路等。

(6)桥涵在农业灌溉涵渠处施工时,尽量赶在农灌淡季施工,如确需在农灌季节施工须采取临时过渡措施,不得对农业灌溉产生干扰。现有灌区被施工占用的,须设置临时性沟渠或铺设水管。

(7)桥梁墩台修筑完毕,及时清除围堰等临时工程的堆积物,并将施工中产生的废浆、弃土和废弃物及时运到弃渣场,恢复河道河岸。生活垃圾、施工废料应尽量分类回收,集中堆放和处理。

(8)桥梁施工时,桥墩基础开挖的土石方应集中堆放在岸边较高处,或集中运到洪水冲击不到的渣场堆放,待桥墩基础施工完后再回填。旱桥桥墩基础开挖的土石方集中堆放,周边以袋装石渣临时拦挡,待桥墩基础施工完后回填,剩余部分可用于附近低洼地的整平,其余一律运往渣场堆放。

(9)旱桥施工时尽可能保留桥跨部分的原生植被,减少桥梁墩、台施工对地表原生植被的破坏。

(10)桥梁附近的施工营地或施工现场应尽量远离水体,其产生的废水未经处理不得直接排入自然受纳水体。施工机械需严格检查,防止漏油,严禁施工机械漏油进入水体,严禁化学品进入水体。应设置盛接油容器,对机油回收、加工利用。废弃的化学品等有害物质应分类收集处理。对保养机具的油抹布应单独收集进行集中处理。

(11)桥梁施工中挖出的污泥、渣土不得直接抛入沿线水体或乱丢乱堆,应选择不影响排洪和沿线、沿岸景观的弃渣场堆放,并采取绿化防护措施。

5)文物保护

(1)在施工中,若发现未勘探到的地下文物,则立即停止施工,由工程师保护现场,并派人通知文物部门前来检测、保护、鉴别和评估,所有重要发现均将上报省文物考古机构和省项目公司。

(2)应对全体施工人员进行实地培训,内容包括文物识别的基础知识、紧急保护措施、保护和报告程序等。

4.5.3 环境保护监督

(1)代建监理机构与施工单位应签订《环境保护责任书》,并进行全过程监督。确保本项目顺利实施及环境保护目标的最终实现。

(2)建立健全环境保护保证体系。代建监理机构及施工单位设专人、专岗、专职负责该项工作。施工单位应成立以项目经理任组长的环境保护领导小组,配备专门的环保技术人员,认真学习环保知识,同时加强对施工人员的环境保护教育,提高职工对环境保护重要性的认识,实现人人自觉遵守环境保护法、自觉执行环境保护制度和措施,形成完备的环境保护体系。

(3)环保例会及培训制度。代建指挥部结合监理例会每月对全体监理人员进行一次环保培训,结合工地例会召开一次环保工作例会。

(4)环保检查制度,每月进行一次大检查,平时加强巡视和专项检查,其检查内容如表4-26所示。

环保月度检查表 表4-26

序号	检查项目	检查要求	检查内容	检查结果	备注
1	临建	所有临建建设开挖的裸露坡面及时复绿,做好水沟,以利排水	边坡复绿、水沟		
2		项目部生活污水设置化粪池,雨水设置沉淀池	化粪池、雨水沉淀池、排水系统		
3		项目部生产垃圾由环卫部门定期清理	垃圾池、定期清理		
4		混凝土拌和站/预制场设置多级沉淀池+除尘设备+洗车池	多级沉淀池+除尘设备+洗车池		
5		拌和站/预制场沉淀池沉淀物定期清理至指定弃渣场	淀池沉+淀物定期清理		
6		钢筋加工场四周做好排水设施,防止施工废水直排地方水系	排水系统+雨水沉淀池		
7		小型构件场做好排水,养护废水须排入雨水沉淀池,设置专用砖砌垃圾池,用以收集混凝土垃圾	专用砖砌垃圾池+排水系统+雨水沉淀池		
8		沥青拌和站设置村庄的下风向+油改气+沉淀池+洗车池	下风向+油改气+沉淀池+洗车池		
9		所有临建做好日常的卫生专人打扫(或配吸尘设备)、洒水	清扫+洒水车+洒水		
10	便道	便道两侧设临时排水沟(砂浆抹面/砌筑)	临时排水沟+(砂浆抹面/砌筑)		
11		便道下游集水处设置沉淀池+滤砂网	沉淀池+滤砂网		
12		运输车辆进行覆盖防洒落和扬尘	覆盖+防洒		
13		配备洒水车/洒水作业,便道及时清扫+两侧裸露坡面复绿	洒水车/洒水作业+清扫+坡面复绿		
14	路基	拦水埝30cm(高)×20cm(顶宽)	拦水埝		
15		临时急流槽厚5cm、宽50cm砂浆抹面	临时急流槽		
16		填方段路侧临时排水沟(土沟或有条件做成永久排水沟)	排水沟		有条件可施工永久排水沟
17		填方急流槽集水处必须设置沉淀池+滤砂网	沉淀池+滤砂网		临时土池,有条件可做成永久性
18		施做平台截水沟和边坡及时绿化	平台截水沟+边坡及时绿化		来不及绿化的可覆盖彩条布/土工布等

续上表

序号	检查项目	检查要求	检查内容	检查结果	备注
19	路堑	截水沟(临时或永久)	截水沟		有条件的做成砂浆抹面
20		急流槽	急流槽		要求与下边坡连接一起
21		边坡及时绿化	绿化		来不及绿化的可覆盖彩条布/土工布等
22	取弃土场	先挡后弃+临时污水沉淀池配滤砂网	支挡+沉淀池+滤砂网		
23		取、弃土场及时施作防护+绿化	防护+绿化		
24		取、弃土场变化的及时做好变更工作			
25	桥梁桩基	场地平整/留有横坡/现场无积水			
26		桥梁两侧挖临时排水沟	临时排水沟		
27		排水沟下游设沉淀池	沉淀池+滤砂网		临时的可做成土池
28		涉河段桩基施工设污水处理沉淀池	污水处理沉淀池+滤砂网		
29		涉河段桩施工设移动式厕所/垃圾桶	移动式厕所/垃圾桶		
30		涉河段优先采取钢套箱围堰/钢管桩围堰	围堰		根据现场情况可设砂袋围堰
31		泥浆处理/运送至指定弃渣场	泥浆处理		留有记录
32	桥梁桩基	挖孔桩弃渣,定期清理,若在附近处理,必须做好防护和环保措施,否则不得进行	定期清理		
33	机械维修	桩基/隧道/路基/钢筋棚等所有施工机械定期维修,降低作业噪声,根据情况合理安排作业,避免出现扰民情况	定期维修		检修包括噪声/尾气/漏油检测,并留存保养记录
34		有条件时,在机械下方设置托盘,收集少量的漏油、溅油等	防漏油托盘		
35		所有现场配置收油桶(或挂于机械上),用于突发漏油应急收集	收油桶		

检查人:　　　　　　　　　被检查人:

4.5.4 环境保护工作注意事项

1)审查环境措施

应审查施工组织设计中是否按施工合同约定制订了防止、减少环境污染和生态破坏的措施。

2)环镜检查

应检查施工单位环境保护措施的落实情况,检查主要内容应按《公路工程施工监理规范》(JTG G10)第5.4.2条执行。

3)树木、自然保护

应对树木和自然环境的保护进行监督,监督应符合下列规定:

(1)应监督施工单位是否依法取得树木砍伐许可,并按许可面积或数量进行砍伐。

(2)用督促施工单位依法保护植被、水域和自然景观。

4)环境检测

根据交通运输部颁发的《交通运输行业公路水路环境监测管理办法》(交环发[2008]112号)的有关规定,建设项目在工程环境影响评价、施工、竣工环境保护验收及运营过程中。必须按照有关法规规定进行环境监测,开展环境监测应符合下列规定:

(1)环境监测单位的选择应符合规定。

(2)环境监测的内容、方式方法、频率应符合规定。

(3)应按规定编制环境检测报告。

4.6 工程项目合同事项管理

工程项目合同事项管理是指为了处理非正常情况,确保交易安全,对工程分包、人员和设备履约,停工/复工、工程变更、工程延期、费用索赔、价格调整和计日工、违约处理、争端处理、施工合同解除等非正常情况的处理行为进行的计划、组织、控制活动。

4.6.1 合同管理的任务

在代建监理过程中,合同管理的任务主要是根据代建监理合同的要求对项目施工合同的履行、变更和解除进行监督、检查,对合同双方争议进行调解和处理,以保证合同的全面履行。

合同管理对整个工程项目实施起着控制作用,是项目管理的核心基础。因此,着重做好以下工作:

(1)签订有利于目标控制的工程建设补充合同。

(2)对签订的合同进行系统分析。

(3)建立合同目录、编码和档案。

(4)对合同的履行进行监督检查。

(5)做好防止索赔和处理索赔的工作。

4.6.2 合同管理的内容

代建监理机构依据代建管理合同条件赋予的职权进行合同管理,其中主要合同管理工作有如下几方面。

1)工程变更

对于工程的形式、质量、数量和内容上的变动,工程部及监理部进行审核,上报代建监理审批,由总监下达工程变更令并监督承包人实施。

2)工程延期

处理因额外或附加的工作、异常的恶劣气候条件及代建监理机构造成的延误等引起的工程延期事宜,审查承包人工程延期申请报告,确定延期天数。

3)费用索赔

处理因异常恶劣的气候、不可抗拒或由代建监理机构责任引起的承包人费用索赔事宜,审核承包人索赔申请报告,进行索赔评估,确定索赔数额。

4)争端

代建监理机构与承包人争端,按合同规定的期限完成对争端事件全面调查与取证,由仲裁部门或法院进行裁定。

5)违约

违约责任按合同文件约定内容进行处理。

6)分包

审核承包人专业分包工程的申请报告,审查专业分包人资格情况及证明、分包工程项目内容及承包人与专业分包人的合同责任,签发《分包申请报告单》。

7)保险

代建监理机构应根据合同有关规定,对承包人的保险进行检查。如果确认承包人未在合同规定的时间内,按合同规定的内容向代建监理机构提交合格的保险单时,代建监理机构应采取相应措施,并督促其尽快补办保险。

4.6.3 合同管理的方法

1)组织方面

代建监理机构设立计划合约部,计划合约部是合同管理的负责部门,在代建指挥长的领导下工作。

2)合同签订方面

认真理清合同的各项内容,尽量少用或不用口头协议、"君子协定",以防事后引起合同争执。注意合同协议的合法性、严密性、合理性,防止签订无效合同。在合同谈判中注意风险的合理转移,制订各种风险和索赔的处理条文。

3)合同审核方面

(1)在合同履行过程中,认真履行自己的职责,在拟定各种文件记录、指示、报告、函件时应做到全面、细致、准确、具体,以防日后双方在细节上纠缠不清。

(2)严格控制工程变更,严格执行变更工程代建监理程序,认真做好变更设计的审核工作,对每一份变更进行可行性分析,防止由此而引起的索赔。

(3)合同双方注意合同规定的权利与义务,尤其当单方面有违约苗头时,应做好事先控制工作。

4)宣传教育

对内加强法律知识、合同管理知识的学习。员工在各自岗位上做好相关工作,把合同牢记在心里,不乱表态,不乱下指令,不拖延处理问题的时间,防止因代建监理原因而引起索赔。对外宣传、倡导法治,反对人治,形成人人学法、懂法的好局面,营造良好的合同管理环境。

4.6.4 合同管理的措施

(1)承包人参加代建监理组织实施合同的有关会议,以及协调工地各承包人(含指定分包人)的有关联席会议。

(2)按施工合同规定的变更范围,对工程或其任何部分的形式、质量、数量及任何工程施工程序做出变更或决定,但应按变更的审批程序、权限,核实工程量及单价和总价,并经工程部和总工办报代建监理审批后由总监理工程师下达变更令。

(3)对承包人提出的工期延长或费用索赔,应查清其中申述理由的全部情况,并根据合同规定程序审定延长工期或索赔款项,报代建监理机构批准后发出通知。

(4)监督承包人进入工程的主要技术、管理人员的构成、数量与合同所列名单是否相符,对不称职的主要技术、管理人员,总监理工程师有权提出更换要求。

(5)对承包人的主要施工机械设备的数量、规格、性能按合同要求进行监督、检查。由于施工机械设备的原因影响工程的工期、质量,总监理工程师有权更换或要求停止支付。

4.6.5 合同管理的要点

1)审查分包

应对施工单位提交的分计划和分包合同进行审查和批复。施工分包的审查准则应按照交通运输行政主管部门的规定和合同约定执行。同时,审查部门应监督施工单位的施工分包行为,发现有转包、违法分包时应及时督促整改,并报主管部门。主管部门对转包、违法分包行为进行责任追究。

2)人员、设备核查

应在施工阶段对施工单位的主要人员和施工机械设备进行核查。人员、设备的核查准则应按照合同约定和是否满足合同目标的要求执行,对发现不合规的行为及时督促整改。对涉及违法违约行为进行责任追究。

3)停工/复工

在管理过程中发现符合合同约定的停工行为时,应及时向签发停工/复工供部门提出停工/复工意见。处理程停工及复工应符合下列规定:

(1)签发停工令时应依据停工原因的影响和程度,明确停工范围、期限及停工期间施工单位应做的工作等。

(2)因施工单位的原因停工时,如复工,施工单位应向提议部门提交复工申请,提议部门在收到申请后应对施工单位的停工整改过程和结果进行检查、验收,当具备复工条件时,向签发停/复工令部门提出复工意见。

(3)停/复工部门确认具备复工条件时签发复工令。

4)违约处理

违约处理部门在收到违约处理意见后应进行必要核实,并作出处理决定。

5)工程变更

工程变更包括各种施工变更和设计变更等,工程变更应坚持"先批准,后变更"的原则,杜绝指令变更、串通变更、肢解变更和虚假变更。施工变更由施工单位提出,经设计单位同意,签发工程变更令。

设计变更除应符合交通行政主管部门的规定外,还应符合下列规定:

(1)设计变更一般实行事前变更立项审批和变更工程实施后的变更费用审批。变更立项未经审批的设计变更不得实施,变更费用未经审批的不得进行决算。

(2)变更立项审批应当对设计变更的建议和理由进行审查。并应组织相关方及有关专家对设计变更建议进行经济、技术论证,决定是否同意或上报。

(3)变更费用应按合同约定核定,经联席会议审核后批准。

(4)应将根据批准的施工图对招标清单进行的清单核查作为项目的0号变更,0号变更仅对招标清单与已批复的施工设计文件有出入的内容进行调整。

(5)应建立设计变更管理台账和管理档案,定期并及时对设计变更情况进行分类汇总,确保设计变更台账和档案的可追溯性和完整性。

6)工程延期

对符合施工合同约定的延期意向或事件进行现场调查,应在施工单位提出工程延期申请后,对延期的原因和拟采取措施等进行审核和批准。

7)费用索赔

应对符合施工合同约定的索赔意向或事件进行现场调查,应在施工单位提出工程索赔申请后,对索赔原因和拟采取措施等进行审核和批准。因施工单位原因给建设单位造成损失的,应及时提出索赔。

8)价格调整

应对施工合同约定的价格调整意向或事件进行现场调查,应在施工单位提出价格调整申请后,对价格调整原因和拟采取措施等进行审核和审批。

9)争端处理

应按合同约定执行。

10)施工合同解除

应按合同约定执行。

4.7 信息与沟通管理

4.7.1 项目工地会议

1)一般规定

(1)工地会议是项目管理机构与参建各方进行指挥协调和系统整合的重要工作方式。

(2)工地会议根据召开时间、会议内容及参加人员等,可分为第一次工地会议、工地例会、专题会议等三种形式。

(3)工地会议应由主持单位做好记录。会议形成的纪要应由各参加单位确认,并作为合同文件的一部分。会议中决定执行的有关问题,仍应按规定的项目管理程序办理必要的手续。

(4)各单位需要向会议汇报的问题,事先必须做好调查研究和充分准备,提出处理检验和意见,并准备好各种提交会议的书面材料。

2)第一次工地会议

(1)第一次工地会议应按下列规定组织:

①第一次工地会议应在正式开工前召开。

②项目管理机构应事先将会议议程及有关事项通知建设单位、施工单位及其他有关单位,做好会议准备,宜邀请工程质量监督部门参加。

③会议由总监理工程师主持。

④参加人员应为项目管理机构相关人员、有关各方授权代表、分包单位及有关人员,并通知建设单位派人参加。

(2)会议内容应符合《公路工程施工监理规范》(JTG G10)和《〈公路工程施工监理规范〉实施手册》第8.2.2条规定。

3)工地例会

(1)工地例会应按下列规定组织:

①会议应定期召开,宜每月召开一次。

②参加单位在会议召开前48小时提出书面汇报材料。

③会议由总监理工程师主持。

④参加人员应为项目管理结构相关人员、有关各方授权代表、分包单位及有关人员,并通知建设单位派人参加。

(2)会议内容应符合《公路工程施工监理规范》(JTG G10)和《〈公路工程施工监理规范〉实施手册》第8.3.2条规定。

4)专题会议

(1)专题会议应按工地例会的要求组织。

(2)会议应针对工地例会提出的问题进行深入讨论,提出解决方案并形成意见。

4.7.2 项目报表

1)一般规定

(1)报表是阶段性工作的定期总结和反馈,既是与项目相关方信息交流的重要手段,也是考核评价的基础,其内容应客观、准确、详实、有针对性。

(2)报表等同于管理体系的内部审核报告,报表的结构应由审核准则、审核证据、审核发现、审核结论、审核建议五部分构成。

(3)报表可分为《施工月报》《项目管理月报》《现场管理月报》《试验检测月报》。

2)施工月报

(1)施工月报按合同段由施工单位编制,经项目经理审定后发布。

(2)施工月报应包括下列主要内容:

①工程概况。
②实际施工情况。
③计划执行情况。
④计划执行的效果与反馈。
⑤计划的调整或改进。

3)项目管理月报

(1)项目管理月报以工程项目为单位,由项目管理机构编制,经项目管理机构负责人审定后发布。

(2)项目管理月报应包括下列主要内容:
①工程概况。
②实际项目管理情况。
③项目管理制度执行情况。
④项目管理制度执行的效果与反馈。
⑤项目管理制度的调整或改进。

4)现场管理月报

(1)现场管理月报以所管辖的范围为单位,由现场管理部门编制,经部门负责人审定后发布。

(2)现场管理月报应包括下列主要内容:
①主要施工情况。
②实际现场管理主要工作,以及发现的问题及处理情况。
③现场管理计划执行情况。
④现场管理计划执行的效果与反馈。
⑤现场管理计划的调整或改进。

5)试验检测月报

(1)试验检测月报以所管辖的范围为单位,由试验检测机构编制,经试验检测负责人审定后发布。

(2)试验检测月报应包括下列主要内容:
①主要施工情况。
②实际试验检测主要工作,以及发现的问题及处理情况。
③试验检测计划执行情况。
④试验检测计划执行的效果与反馈。
⑤试验检测计划的调整或改进。

4.7.3 建设工程信息化管理

结合交通运输部智慧高速公路建设试点要求,实现工程管理数据互联互通,建立工程信息化管理系统。

1)项目管理系统及办公自动化管理系统

(1)建设工程智慧云平台。

为落实交通运输部提出的公路建设"五化"管理要求,发包人在工程建设中应用建设工程智慧云平台。配备信息化系统平台,并进行工程 WBS 分部分项划分、计量填报、进度填报、质检资料管理、体系资料管理、质量安全数据对接等信息化工作,实现质量安全、工程进度、费用数据的统一管控,建立起项目工程进度过程管控体系和质量安全业务数据中心,现场安装可视化调度和信息化管理。

(2)承包人应按下列规定配备建设管理 BIM 协同平台。

①项目应统一配备建设管理 BIM 协同平台,建立并保证网络环境通畅。

②应根据建设管理 BIM 协同平台的要求配备专用计算机。计算机的硬件及软件配置应满足能够使 BIM 协同平台系统的顺畅运行的要求。

③建设管理 BIM 协同平台应由专人负责操作,并应保持系统的安全性和稳定性,定期更新杀毒软件和进行系统维护,备份相关管理数据。

④应为建设管理 BIM 协同平台单位提供必要的现场监控、监测设备的数据接口及业务数据录入人员,协调各平台单位做好数据共享。

⑤需提供桥梁自动监控量测数据接口服务,其数据上传至发包人指定的 BIM 协同管理平台。

(3)建立工程质量追溯体系。

应安排专门人员和设备在原材料进场管理、半成品生产与加工、工程实体应用等阶段进行质量数据的全面采集,形成从原材料进场登记、自检、抽检、场站生产与加工、工程实体等相关业务的全生命周期质量数据库。确保建设过程中从原材料到工程实体质量数据的完整性、准确性和实时性。

采集的参数指标主要包括原材料生产厂家、供应商、规格型号、产品合格证、检验报告、使用部位、自检及抽检记录、原材料试验数据、拌和生产数据、半成品加工信息、检验人员等内容;全面记录工程实体完成后质检验收过程中相关的人员、时间、部位、验收过程数据、验收结论等信息。

(4)应按下列规定配备工序报验系统。

应统一配备工序报验系统并接入建设工程智慧云平台。配备专用电脑设备、网络及专人进行工序报验模板划分、施工现场信息采集、施工质检资料生成、关键工序流程报送等工作。工序报验涉及分项工程包括但不限于隐蔽工程、路基、桥涵、结构物、隧道、路面、附属设施等相关工程。

2)数据自动采集及分析传输系统

建设工程建设中推行的工程质量追溯体系,建立数据采集分析传输系统,并配备专用电脑设备、网络及专人维护,接入发包人指定的建设工程智慧云平台,确保数据实时采集及传输顺畅,实现数据互联互通。数据采集分析系统有:

(1)建立工地试验室数据采集系统,其配备表见表 4-27。

建立工地试验室数据实时采集系统,实现试验数据实时采集、传输和备份,采集的数据实时传输至网络版试验软件并自动生成试验报告,达到试验数据、试验报告、试验过程视频三统一。承包人应选择具备数据自动采集和上传功能的力学试验仪器和沥青试验仪器,仪器需具备数据传输接口,并与试验仪器厂家确认提供数据接口协议。

工地试验室数据采集系统配备表　　　　　　　表4-27

序号	试验仪器种类	配备标准	数据采集指标
1	万能材料试验机	逐台配备	试件编号、工程名称、施工部位、钢筋牌号、试件直径、试验员、屈服力、抗拉力、断后伸长率、最大力总伸长率、强屈比、屈标比
2	压力试验机	逐台配备	试件编号、工程名称、施工部位、设计强度、试件尺寸、龄期、试验员、荷载、强度
3	全自动恒应力抗折抗压试验机	逐台配备	试件编号、工程名称、施工部位、设计强度、试件尺寸、龄期、试验员、荷载、强度
4	沥青马歇尔稳定度测定仪	逐台配备	工程名称、样品名称、样品编号、样品描述、面层、稳定度(kN)和流值(mm)
5	燃烧法沥青含量分析仪	逐台配备	工程名称、样品名称、样品编号、样品描述、面层、配方名称、试验质量、损失质量、沥青含量、油石比
6	低温沥青延伸度仪	逐台配备	工程名称、样品名称、样品编号、样品描述、面层、延伸度(cm)
7	沥青软化点试验仪	逐台配备	工程名称、样品名称、样品编号、样品描述、面层、软化点(℃)
8	沥青针入度仪	逐台配备	工程名称、样品名称、样品编号、样品描述、面层、针入度(mm)
9	标养室控温控湿设备	逐室配备	实时的温度和湿度

（2）建立工地拌合站数据采集系统,其配备表见表4-28。

工地拌合站设备数据采集系统配备表　　　　　　　表4-28

序号	拌合站种类	配备标准	数据采集指标
1	水泥混凝土拌合站	逐台配备	施工配合比和理论配合比信息； 砂子、碎石、水泥、粉煤灰、矿粉、水、外加剂实际用量和配比用量； 搅拌时间、浇筑部位、强度等级、操作员
2	水稳拌合站	逐台配备	施工配合比和理论配合比信息； 数据采集时间间隔不超过10min； 碎石、水泥实际用量和配比用量
3	沥青拌合站	逐台配备	级配信息(施工配比、理论配比)； 碎石、矿粉、沥青、添加剂、油石比实际用量和配比用量； 骨料温度、沥青温度、出料温度、搅拌时间

建立拌合站数据实时采集系统。拌合站类型包括本项目所有水泥混凝土站、水稳站和沥青站,承包人选择的拌合站必须满足数据采集传输指标要求,实现拌合站原始数据提取、网络传输、数据分析,记录实时的生产过程信息。

（3）建立路面施工数据采集系统,其配备表见表4-29。

建立满足发包人要求的路面施工质量数据采集系统。通过对路面施工中压路机、摊铺机的改造和加装北斗定位设备、传感器等采集设备,实现路面混合料运输、摊铺、压实过程数据采集分析,对路面施工不合格区域及时发送预警信息。为满足发包人监管要求,承包人进场的施工机械必须具备改造和加装条件,同一施工作业面需保持机械设备固定。

路面施工数据采集系统配备表 表4-29

拌合站种类	配备标准	数据采集指标
路面施工	摊铺机和压路机一个工作面逐台配备	摊铺机:定位信息、摊铺速度、松铺温度、松铺振动、运行轨迹; 压路机:定位信息、运行速度、压实温度、振动参数、压实轨迹、压实遍数

(4)建立预应力施工数据采集系统。

建立预应力智能张拉、压浆数据自动采集系统,其配备表分别见表4-30和表4-31。实现后张法预应力智能张拉设备和智能压浆设备生产数据的实时采集、联网传输要求,记录张拉和压浆过程数据,对存在的问题数据及时发出预警。

预应力智能张拉设备数据采集系统配备表 表4-30

设备要求	配备标准	采集数据指标
1.张拉设备性能指标满足《公路桥涵施工技术规范》(JTG/T 3650)相关要求; 2.具备独立的显示、人机交互单元,采用计算机程序完成张拉、停顿、持荷等命令的下达,实现预应力筋张拉同步性控制,张拉加载速率、停顿点、持荷时间等张拉要素自动控制;具备伸长值偏差自动计算功能; 3.如果发生突发事件,设备自动停机,并报警; 4.张拉设备能够完整记录梁形、梁号、桥名等相关信息; 5.对张拉信息及过程数据精确记录,并自动生成报表; 6.张拉数据可以通过计算机互联网实时上传	选取1台配备	1.记录张拉加载速率、持荷时间、回缩量、张拉记录、张拉力、伸长值; 2.记录梁型、梁号、桥名等信息

预应力智能压浆设备数据采集系统配备表 表4-31

设备要求	配备标准	采集数据指标
1.压浆设备性能指标满足《公路桥涵施工技术规范》(JTG/T 3650)相关要求; 2.具备独立的显示、人机交互单元,采用计算机程序实现自动上料、自动计量、自动搅拌、自动压浆、自动保压等准确控制; 3.如果发生突发事件,设备自动停机,并报警; 4.压浆设备能够完整记录梁形、梁号、桥名等相关信息; 5.可实时监测压浆压力、水胶比、保压压力、保压时间,当实测数据不满足规范要求时及时给出警示; 6.对压浆信息及过程数据精确记录,并自动生成报表; 7.压浆数据可以通过计算机互联网实时上传	选取1台配备	1.记录压浆稳压时间、压浆压力、循环时间、水胶比、压浆记录; 2.记录梁型、梁号、桥名等信息

(5)建立特种设备数据采集系统。

建立并使用特种设备(80t以上龙门式起重机、塔式起重机、架桥机、外挂施工电梯)监测系统,选取2台设备实现运行状态监测(风速、荷载、工作状态),设备操作人员身份识别验证和持证上岗。

(6)建立软基处理施工质量监管系统,其配备表见表4-32。

建立软基处理施工质量监管系统。应用物联网设备、无线传感器、电流计等采集仪器,监测复合地基处理施工中桩位信息和钻机信息,采集的数据能实时返回发包人指定的建设工程智慧云平台进行汇总分析。

软基处理设备数据采集系统配备表　　表4-32

设备种类	配备标准	采集数据指标
加固土桩桩机	桥头加固土桩施工现场,数量暂定2台	记录桩位定位、成桩数量,自动生成桩位分布图; 记录桩机钻进速度、提钻速度、持力层电流值、成桩深度、复搅速度、搅拌转速、喷粉压力、水泥浆流量,对异常情况及时发出预警信息

3）视频监控系统

（1）在工地试验室功能室（逐间）、预制场、钢筋加工场、拌合站、料场存料区、重点桥梁及隐蔽工程施工现场等重点施工部位建立在线视频监控系统,安装视频监控,应保证使发包人、监理人能随时对上述场所或关键设备进行远程视频监督,相关视频接入发包人指定的建设工程智慧云平台。

（2）重大危险源,建立并使用重大危险源监控系统。

（3）视频监控系统具体要求：

①视频监控传输网络采用100M及以上的带宽,应能满足实际网络播放流畅的要求,并留有余量。

②试验室、拌合站操作室摄像头安装位置应能满足正面拍摄整个试验操作过程,满足1080P高清拍摄,支持夜间红外拍摄;应能设置为移动侦测录像技术（安装时要求摄像头供应商设置完成）,存储的视频应确保是有人员活动的有效视频。

③所有视频采用网络云端存储或本地存储方式,存储时间不小于60d;试验室内有关试验视频应有回放功能,可采用硬盘录像的辅助存储方式,储存时间不小于360d。

④摄像头需提供相应视频数据接口和基于云平台的LSS直播服务,实现与发包人的建设工程智慧云平台对接。

⑤无人机监管。建立并使用无人机监管系统,实现施工现场重点结构部位实景三维拍摄、现场视频实时回传功能。视频数据实时接入建设工程智慧云平台并定期（至少每半月）报送航拍视频。保证发包人、监理人实时现场调度要求。

视频监控系统配备见表4-33。

视频监控系统配备表　　表4-33

序号	名　　称	单位	参考数量	备　注
1	工地试验室			
（1）	力学室	个/室	1,逐室配备	
（2）	沥青室	个/室	1,逐室配备	
（3）	沥青混合料室	个/室	1,逐室配备	
（4）	水泥室	个/室	1,逐室配备	
（5）	水泥混凝土室	个/室	1,逐室配备	
（6）	土工室	个/室	1,逐室配备	
（7）	集料室	个/室	1,逐室配备	
（8）	化学室	个/室	1,逐室配备	
2	拌合站(含操作室各1个)			

续上表

序号	名称	单位	参考数量	备注
(1)	水泥混凝土拌合站	个/座	4,每座配备	
(2)	沥青拌合站	个/座	4,每座配备	
(3)	水稳拌合站	个/座	4,每座配备	
3	钢筋加工场	个/处	2,逐处配备	
4	预制场	个/处	4,逐处配备	
5	重点桥梁			
(1)	支架现浇	个/处	2,逐处配备	
(2)	悬臂	个/处	2,逐处配备	
(3)	钢便桥	个/处	2,逐处配备	
6	重点隐蔽工程			
(1)	浆喷桩	个/机	1,逐机配备	无线摄录
(2)	粉喷桩	个/机	1,逐机配备	无线摄录
7	重大危险源			
(1)	深基坑开挖	个/处	1,逐处配备	
(2)	高大模板工程	个/处	1,逐处配备	
8	料场存料区	个/处	2,逐处配备	
9	无人机监管	台	1,满足需要	
10	农民工视频识别考勤机	台	满足需要	

4)环境信息化监管

重点场所,如拌合站、预制场,安装环境监测仪器和自动除尘雾炮机,检测 PM2.5 和噪声等。所采集的数据实时上传发包人指定的建设工程智慧云平台及地方政府环境管理部门。

5)建设工程数字化交付应用

(1)建立项目统一的 WBS 编码,安排专人负责将建设期的原材料、半成品加工、施工过程、工程设计属性、工程实体属性等关键信息与 WBS 编码关联,形成基于统一 WBS 编码体系的工程实体数据库。

(2)借助 GIS、物联网、倾斜摄影、三维建模等技术,配备专人和仪器设备,重点在关键工序控制、隐蔽工程、桥隧工程、桩号坐标体系、附属设施资产库、施工电子资料等方面进行数字化的生成与交付,实现施工过程数据和工程实体资产数据的全数字化移交。

4.8 工程项目档案与内页资料管理

4.8.1 项目档案管理

1)一般规定

(1)公路建设项目文件材料是指自项目立项审批(核准)至竣工验收全过程产生的,反映项目质量、进度、费用和安全管理基本情况,对项目建成后用于管理、维护、改建和扩建具有保存、考查利用价值的各种形式和载体的历史记录。

(2)公路建设项目档案是指按照项目档案组卷要求,经系统整理被归档的公路建设项目文件材料。

(3)项目档案应能完整、准确、系统地反应工程建设的全貌,档案管理与工程建设同步推进,纸质档案与电子档案同步建立,报案应用与工程管理同步见效。

(4)交通运输部门审批的初步设计的交通建设项目,项目管理机构应档按照《交通建设项目档案管理登记办法》(交办发〔2007〕436号)的规定,定期填报交通建设项目档案管理登记表。

(5)按照"谁形成谁负责"的原则,各文件材料形成单位或部门应按照《公路建设项目文件材料立卷归档管理办法》(交办发〔2010〕382号)等相关规定,进行公路建设项目文件材料立卷归档工作的组织。公路建设项目文件材料的收集与整理、公路建设项目档案的移交与汇总整理。

(6)项目管理机构对上述立卷归档工作进行质量管理。

(7)项目管理机构应按照《交通建设项目档案专项验收办法》(交办发〔2007〕436号)的规定,准备、申请、配合完成公路建设项目档案专项验收。

(8)在工程竣工验收后3个月内,项目管理机构应按照《交通档案进馆办法》(交办发〔2007〕436号)的规定,准备、申请、配合完成公路建设项目档案进馆。

2)职责调整

(1)建设单位负责组好前期工作的公路建设项目文件材料的立卷归档。

(2)代建监理单位对公路建设项目档案工作总体负责。负责做好建设实施期的公路建设项目文件材料和监理文件的立卷归档,并负责办理交通建设项目档案管理登记、交通建设项目档案专项验收、交通档案进馆。

(3)检测单位负责做好建设实施期的实验检测文件的立卷归档,同时负责提供监理文件所需的试验检测资料和配合监理文件的立卷归档。

3)质量管理

(1)验收档案工作的组织。项目管理机构应在工程正式开工前对各形成单位的档案工作组织进行验收。验收不合格可不签发开工令。

(2)组织编制预立卷目录。项目管理机构应在工程正式开工前组织各形成单位档案管理人员(以下简称组织相关人员)。编制预立卷目录,安装档案工作标准,结合具体项目,细化明确归档目录,统一预立卷类目、统一工程划分标准、统一工程用表,使日常的档案工作有章可循、有据可依。通过信息交流平台实时掌握工作实际情况,对预立卷目录适时时进行调整。

(3)岗前培训。项目管理机构在组织编制预立卷目录时,应首先聘请有关专家进行业务培训。项目管理机构应在预立卷目录编制完成后组织召开培训会,编制人员项各参建单位工程技术人员、资料管理人员等有关人员进行详细讲解。

(4)分项工程完工资料验收。在分项工程交工验收时,项目管理机构进行分项工程完工资料验收并形成验收意见,对存在的问题督促整改。

(5)档案工作半年专项抽查。项目管理机构每半年邀请有关专家,并选取一个施工单位,进行检查并形成检查意见,项目管理机构应见微知著,对存在的普遍性问题统一督促整改。

(6)合同段交工档案预验收。各施工合同段交工验收前,项目管理机构应对已经立卷归档的施工文件材料进行预验收,对不符合要求的,应督促整改,符合要求后方可进行合同段交工验收。

4.8.2 项目档案管理规范及标准

项目档案管理相关规范及标准如下:
(1)《交通建设项目档案管理登记办法》(交办发〔2007〕436号)。
(2)《国家重大建设项目文件归档与档案整理规范》(DA/T 28—2002)。
(3)《科学技术档案案卷构成的一般要求》(GB/T 11822—2000)。
(4)《交通建设项目档案专项验收办法》(交办发〔2007〕436号)。
(5)《交通档案进馆办法》(交办发〔2007〕436号)。

4.8.3 监理资料

按《公路工程施工监理规范》(JTG G10)相关要求:
(1)应包括监理管理文件、质量监理文件、安全监理文件、环保监理文件、费用与进度监理文件、合同事项管理文件,以及监理日志、巡视记录、旁站记录、监理月报、监理工作报告等其他监理文件和影像资料。
(2)监理资料应齐全、真实、准确、完整。
(3)监理机构应建立健全监理资料管理制度,宜采用信息化手段进行管理。
(4)除人员签字部分和现场抽检记录外,监理资料可打印。现场原始记录应留存备查。
(5)监理管理文件应包括监理合同,监理计划、监理细则,会议记录、会议纪要,综合性往来文件等。
(6)质量监理文件应包括质量监理要求和往来文件,测量、材料等审查、试验资料,抽检记录,隐蔽工程验收和工程质量检验评定资料,质量问题处理资料等。
(7)安全、环保监理文件应包括安全、环保管理制度、监理要求和往来文件,检查记录,事故、隐患及问题处理资料等。
(8)费用与进度监理文件应包括费用与进度计划文件、监理要求和往来文件,工程计量、支付文件,工程开工令,进度检查文件等。
(9)合同事项管理文件应包括工程分包、履约检查文件,停工令及复工令,工程变更、延期、索赔、违约和争端处理文件,价格调整文件等。
(10)监理日志应按《公路工程施工监理规范》(JTG G10)附录B.4格式填写,并应经驻地监理工程师或总监审核。巡视记录应经驻地监理工程师审核。(对总监办和驻地办的监理日志,分别由总监、驻地监理工程师或其授权人负责审核。工程中允许将监理日志打印整理或编制成"监理日志本"的形式,在封面统一填写工程项目和监理机构名称等。监理日记是个人化的、非规范的资料,经审核确认有效的属于对监理日志的补充。)
(11)监理月报应包括下列主要内容:
①当月工程实施情况。
②当月监理工作情况。

③当月工程质量、安全、环保、费用、进度监理和合同事项管理等情况统计。
④发现施工存在的主要问题及处理情况。
⑤下月监理工作重点。
（12）监理工作报告应包括下列主要内容：
①工程概况。
②监理工作概况，包括组织机构、人员、设备和设施情况等。
③监理工作成效，包括质量、安全、环保、费用和进度监理及合同事项管理等措施，施工过程中检查情况，工程质量评定情况及问题和事故处理情况等。
④交工验收时存在的问题及处理情况。
⑤监理工作体会、说明和建议。

4.9 激励与约束

4.9.1 项目风险金管理

1）一般规定
（1）为强化参建各方的责任意识和风险意识，充分调动参建各方的积极性，建设单位宜设立项目管理目标风险金，并建立项目管理目标风险金管理制度。
（2）项目管理目标风险金的设立和管理应纳入招标文件。
（3）项目的主体工程和房建、机电、绿化、交安等附属工程的施工单位、监理单位可设立风险金，其他工程和参建单位原则上不设。
（4）施工单位的风险金总额按本标段投标控制价中"工程量清单第200～700章合计金额（不计暂列金额）"的1.5%设立。其中：其中1%由建设单位承担，以总额工程量清单100章计列，0.5%由施工单位承担并在签订合同协议前以现金形式提交。
（5）购买专项服务的监理与中心试验室单位的风险金总额按本标段控制价的5%设立。其中：3%由建设单位承担，以总额在管理服务费中计列；2%由专项服务的监理单位与中心试验室单位承担并在签订合同协议前以现金形式提交。
（6）考核和兑现由项目管理机构负责。
（7）在施工和缺陷责任期。对参建单位的质量、安全、进度、廉政等管理目标完成情况进行考评。根据考评结果兑现施工单位和专项服务的监理与中心试验室的风险金。
（8）应按合同类型和工程特性分类别对参建单位分别进行考评，风险金根据考评结果在同类别参建单位中统筹使用。
（9）参加单位最终获得的风险金可以少于、等于或多于本标段设立的风险金总额。
2）考评的组织管理
（1）考评单位应在实施前制订风险金考评实施细则，经建设单位核备方可实施。
（2）考评单位应成立独立考评组负责考评工作。
（3）考评组应在考评结束后15日内形成考评报告。并报建设单位备案。考评报告主要内容应包括：工程进展概述、现场项目管理机构考评结果、各参建单位得分排序及风险金兑现情况、存在的问题及原因分析、整改措施及下一阶段的工作计划等。

3）施工单位的风险金管理

(1) 施工单位的风险金分配应符合下列规定：

阶段目标风险金占风险金总额的 50%。主要根据施工单位完成经批准的阶段进度目标及质量、安全、廉政等情况进行兑现。当期未兑现部分，60% 风险金可顺延至下一阶段（顺延风险金不得再次顺延），剩下的 40% 风险金和不再次顺延风险金由施工单位提交部分列入缺陷责任期目标风险金。

专项目标风险金占风险金总额的 40%。主要根据施工单位完成的现场项目管理机构制订的关键工程进度、质量、安全及标准化施工等专项活动情况兑现。当期未兑现的部分中，直各单位提交的部分列入缺陷责任期目标风险金。

缺陷责任期目标风险金占风险金总额的 10%，主要根据施工单位在缺陷责任期期间的工作完成情况兑现。

(2) 在当期考评期内，存在以下情况之一的，施工单位的当期阶段目标风险金为零，且不得顺延。

①发生较大及以上安全生产责任事故的。

②发生重大质量事故的。

③项目经理部领导成员在竣工验收前被纪监监察部门或司法机关认定有涉及本项目廉政问题。

(3) 存在以下情况之一的，扣除施工单位全部已兑现的风险金，以兑现风险金在工程款中扣回。

①工程交工不合格的。

②工程未如期建成交工的。

③项目经理部领导成员在竣工验收前被执法机关认定有涉及本项目的严重廉政问题并被追究刑事责任的。

4）专项服务的监理与中心试验室单位的风险金管理

(1) 专项服务的监理与中心试验室单位的风险金分配应符合下列规定：

阶段目标风险金占风险金总额的 40%，主要根据所管辖的施工标段，专项工程目标完成情况进行兑现。当期未兑现部分，60% 风险金可顺延至下一阶段（顺延风险金不得再次顺延），剩下的 40% 风险金和不再次顺延风险金，由专项服务的监理与中心试验室单位提交部分列入缺陷责任期目标风险金。

工作质量目标风险金占风险金总额的 40%，根据管理人员、设备等履约情况及本职工作完成情况进行兑现。未兑现的部分中，由专项服务的监理与中心试验室单位提交的部分部分列入缺陷责任期目标风险金。

缺陷责任期目标风险金占风险总额的 20%，主要根据专项服务的监理与中心试验室单位在缺陷责任期的工作完成情况进行兑现。

(2) 在当期考评期内，存在以下情况之一的，专项服务的监理与中心试验室单位的当期阶段目标风险金为零。切不得顺延。

①所管辖的施工标段发生较大及以上安全生产责任事故的。

②所管辖的施工标段发生重大质量事故的。

③其现场机构领导成员在竣工验收前被执法机关认定有涉及本项目的严重廉政问题。

(3)存在以下情况之一的,扣除专项服务的监理与中心试验室单位全部已兑现的风险金,以兑现风险金在管理服务费中扣回。

①所管辖的工程交工不合格的。

②所管辖的工程未如期建成交工的。

③其现场机构领导成员在竣工验收前被执法机关认定有涉及本项目的严重廉政问题。

4.9.2 项目责任追究管理

1)一般规定

(1)为强化参建各方的履约意识和责任意识,充分调动参建单位各方的积极性,项目管理过程中应建立严格的责任追究制度。责任追究是指在项目管理过程中对发现的问题,不仅要督促整改,还要追究责任。

(2)责任追究制度应纳入招标文件。

(3)责任追究应坚持权责一致、有责必究、实事求是、言之有序的原则。

(4)合同的违约行为均应受到责任追究。

(5)责任追究的方式包括损失赔偿、通报批评、撤换人员、作为风险金考核证据、提请行政主管部门给予行政处罚、提请主管部门列入不良信用记录。上述方式可并罚。

(6)对施工单位及其人员的责任追究,应由项目管理机构及其各部门按照管理权限决定。监理单位及其人员的责任追究,应由建设单位决定。

(7)在工作中发现需要追究责任的问题,对其中事实清楚、责任明确的,可以直接作出责任追究的决定;为事实和责任尚需核实的,应当交由合同管理部门调研决定。

(8)受到责任追究的单位及其人员对决定有异议的,可向合同管理部门申诉,申诉期间不停止决定的执行。

2)施工单位违约处罚标准(供参考)

施工单位违约处罚标准见表4-34。

施工单位违约处罚标准　　　　表4-34

编号	违约行为	单位	处罚标准
一	合同管理		
1	发包人查实承包承包人由非法分包的		按国务院《建设工程资料管理条例》(国务院2000年279号令)第62条规定处理
2	项目经理和总工未经批准擅自更换,或管理不善经监理人或发包人要求更换	元/人·次	项目经理10万,总工5万
3	承包人项目经理、总工及主要工程技术人员伪造证件	元/人·次	予以清退并通报批评,扣除违约金5万
4	承保人未经监理工程师和业主同意,擅自更换主要工程技术人员	元/人·次	1万

续上表

编号	违约行为	单位	处罚标准
5	项目经理、总工和主要技术技术负责人等主要人员擅自离开工地的		第一次约见谈话,第二次书面通报其总部,第三次清退
6	承包人采取某种手段有意将同一业务分次支付逃避监管		予以通报。每次扣违约金额的5%的违约金,并要求将违规金归还
7	承包人未在发包人指定的银行开户,擅自变更开户行		拒绝支付直到改正为止
8	承包人将本项目资金挪用于非本项目合同支出或违规上交上级管理费和其他费用	元/次	冻结本期支付。除责令承保人及时将挪用的资金归还外,还将呈报省交通运输主管部门、承包人上级、监理单位等部门,并扣违约金5000
9	主要施工设备没有按合同承诺及时到达施工现场	元/台·天	500
10	因施工进度需要增加设备和调整施工组织。未按监理工程师指令执行	元/台·天	500
11	主要试验设备没有按合同进场	元/台·天	200
12	承包人提供虚假资料及故意隐瞒与本合同工程无关的债务涉讼案,从而严重影响本合同正常履行的情况		扣除不超过合同总价10%的金额,上报上级主管部门,建议纳入不良信用记录
13	未按时上报相关材料。未及时回复各级管理人员(单位)指令	元/次	5000
二	临时工程		
1	承包人驻地建设未按合同要求建设的,整改效果不好	元/项	50000以下
2	便道、便桥、水上施工平台未按合同要求建设	元/项	整改效果不好后。按5000以下
3	临时用电,用水不符合要求	元/次	2000
4	拌和场(站)集料生产场未按合同要求建设	元/项	3万
5	现场标识不符合合同要求	元/项	1000
三	现场管理		
1	承包人在施工中核工减料的,使用不合格材料、配件和设备的,或不按图纸施工的;未对材料、配件、设备及涉及结构安全部位进行检验		按国务院《建设工程资料管理条例》(国务院2000年279号令)第64、65条规定处理
2	承包人在施工中偷工减料、使用不合格材料、配件和设备,危及结构和生产安全	元/次	按减料和不合格材料价格的5倍处罚
3	他是重大质量事故隐瞒不报、虚报、有意迟报		按国务院《建设工程资料管理条例》(国务院2000年279号令)第70条规定处理

续上表

编号	违约行为	单位	处罚标准
4	质量管理混乱,体系形同虚设。未真正起到"企业自检"作用。整改不见成效	元	10000
5	承包人未及时报送施工、安全、环保方案	元/项	2000
6	承包人现场质量管理员不在现场进行履行管理职责	元/次·人	2000
7	承包人进场材料不合格又不按要求及时清理	元/次	清除出场地被处以罚款5000
8	工程通过自检或抽检不合格,由于承包人故意偷工减料造成工程质量不合格		返工处理并按返工量金额的2倍扣除违约金
9	要求承保人返工的工程未在规定的时间内进行返工,又无正当理由	元/天	5000
10	项目经理或总工程师无故缺席发包人和监理组织的各种活动及会议	元/次	5000
11	承包人内业原始资料故意弄虚作假	元/次	通报批评,被责令改正,扣违约金5000
12	承包人在工程计量或变更中弄虚作假,虚报工程量		通报批评
13	质量监督机构在检查中发现工程质量不合格并通报批评的,对承包人	元/次	返工处理后并处扣违约金1万
四	路基工程		
1	承包人将植土、表土、挖基土等非适用填料用作路基填料的。或未经处理的地基上填筑路基	元/项	处理合格并扣违约金50000
2	承包人未按规定要求进行土石方填筑	元/项	处理合格并扣违约金50000
3	路基半填、半挖或填挖交界处未按规定挖台阶处理的	元/次	处理合格并扣违约金50000
4	填石(或土石混填)路基石块粒径超过规定且碾压工序已完成	元/项	处理合格并扣违约金50000
5	填土压实度检测达不到规范要求,应进行处理而不处理,进行了下一道工序的	元/项	处理合格并扣违约金50000
6	边坡整修未及时经监理验收继续开挖和填筑	元/次	返工处理,扣除违约金2000
7	二级及二级以下挖方边坡未曲化修正成自然山包形	元/处	返工处理,扣除违约金2000
五	桥梁、构造物工程		
1	隐蔽工程检验未经监理人及发包人到现场检验	元/处	重新检验外扣除违约金5000
2	预应力张拉没有按规范要求标定	元/次	改正并扣违约金5000
3	桩基检测评定为三类桩	元/根	报批评,处理后并扣违约金5000

续上表

编号	违约行为	单位	处罚标准
4	浇筑混凝土时,下落高度超过2m而没有采取相应措施防止混凝土拌合物离析	元/次	2000
5	没有按监理工程师批准的混凝土施工配合比进行施工	元/次	5000
6	水泥、钢筋、钢筋笼及沙、石料等的存放不满足相关要求	元/处	2000
7	混凝土工程有严重跑模、漏浆、漏筋、蜂窝、麻面空洞	元/处	返工后扣违约金5000
8	混凝土无精确电子称量,砌体砂浆拌和材料未按要求过称	元/处	2000
9	混凝土构造物不按要求养生	元/处	2000
10	结构物未用方案或合同规定模板	元/处	5000
11	浆砌工程存在下列情况之一的:1)砌筑厚度不满足要求的;2)垫层厚度不满足要求的;3)砌缝内砂浆不饱满的;4)砂浆不采用机械拌和的;5)砌缝没有错开的;6)未覆盖养生的;7)未按规定勾缝的	元/项·处	返工处理后并处扣违约金2000元
12	结构物外观质量不符合要求。未经监理工程师同意,承保人随意采取修整补救措施	元/次	1000
13	台背回填未按要求进行施工	元/次	10000
14	预制构件湿接缝不按要求凿毛	元/处	1000
15	梁板的张拉和压浆未按设计规范要求进行	元/次	10000
六	隧道工程		
1	未按要求控制出入隧道施工现场的	元/次	1000
2	隧道围岩发生变化后不及时办理变更手续	元/次	20000
3	未进行隧道围岩变形监控量测	元/次	5000
4	主洞开挖爆破显眼率低于70%的	元/段	2000
5	隧道欠挖或初期支护不当的	元/处	返工处理,扣除违约金5000
6	隧道初期支护、锚杆、导管管棚施工安装的数量、长度、间距、安装与实际不符。(超前小导管的数量减少;管间距加大;导管长度减短;设导管后不注浆;将小导管改用超前锚杆;改变钢支撑的结构设计尺寸;加大钢架支撑的间距,减少钢支撑数量;钢支撑环向连接不到位;加大钢支撑纵向连接钢筋间距;减少连接钢筋的根数;改变注浆锚杆结构设计尺寸;加大径向中空注浆;减少中空注浆锚杆的数量;锚杆注浆不到位;锚固深度不足;将中空注浆锚杆改用砂浆锚杆;虚设锚杆;锚杆锁脚不到位;改变管棚设计尺寸;减少管棚长度或数量;管棚住不注浆等)	元/根(榀)	返工处理,扣除违约金20000

续上表

编号	违约行为	单位	处罚标准
7	隧道初期支护钢筋网片间距加大或减少网片层数	元/次	返工并扣违约金10000
8	锚杆不按要求漏头的	元/处	1000
9	用型钢制作钢支撑时,使用非国标型钢	元/次	返工并扣违约金10000
10	导管、管棚使用非国标材料,壁厚达不到设计要求	元/根	扣违约金5000并清除处理
11	喷射混凝土中使用回收的混合料	元/次	2000
12	违反隧道新奥法施工操作规程,初衬距掌子面距离超规范要求,长距离不施做锚、网、喷等初期支护的工序,不及时封闭或钢支撑有吊脚现象	元/处	10000
13	两种不同用途的锚杆合并使用	元/次	5000
14	使用干喷法施做喷射混凝土	元/次	2000
15	喷射混凝土用砂未经筛网过筛	元/次	2000
16	隧道超挖用木板、石棉瓦、包装袋等作为受喷面,用片石充填或喷射混凝土厚度严重不足	元/次	返工处理后并处扣违约金10000元
17	防水板铺设前对锚杆、注浆导管的外漏头未作处理,造成防水板破裂	元/处	2000
18	防水板铺设过紧或搭接长度不符合要求	元/次	2000
19	防水板、排水管使用"三无"产品或不符合公路隧道施工技术要求	元/批	扣违约金5000并清除处理
20	防水板焊接不到位或焊缝搭接宽度不符合要求	元/处	2000
21	防水板采用钢钉固定	元/处	1000
22	二次衬砌钢筋焊接时没有采取措施防止焊渣烧伤防水板	元/次	2000
23	环向软式透水管纵向间距加大,或没有与纵向排水管连接	元/处	2000
24	纵向排水管与三通连接不到位,出现脱落或较大缝隙	元/处	2000
25	纵向排水管未有效包裹土工布	元/次	1000
26	橡胶止水带或止水条按设不符合要求	元/处	2000
27	预埋管道堵塞	元/处	1000
28	二次衬砌距掌子面距离超规范标准要求	元/处	20000
29	二次衬砌钢筋网间距或钢筋网保护层厚度,每模量出3处不合格	元/模	5000

续上表

编号	违约行为	单位	处罚标准
30	二次衬砌厚度不足或出现空洞	元/处	扣违约金10000并压浆处理
31	二次衬砌混凝土渗水或漏水	元/处	扣违约金2000并进行处理
32	二次衬砌工作缝错茬较大、超标	元/次	2000
33	二次衬砌混凝土没有采用电脑配料，没有使用输送泵设备	元/次	5000并整改
34	压浆配合比、水灰比失控或压浆不饱满或未采取真空压浆	元/处	2000并整改
35	电缆沟、排水沟盖板钢筋制作安装不规范	元/处	返工并扣违约金5000
36	不按设计要求进行隧道导坑开挖	元/次	10000
37	用隧道出渣回填仰拱或仰拱开挖不到位就进行回填	元/次	2000
38	隧道混凝土路面钢筋尺寸、间距等不符合实际要求	元/次	10000
39	隧道路面厚度、表面拉毛、切缝、填缝等不符合要求	元/处	5000
40	隧道混凝土路面、盲沟施工等不符合设计要求	元/处	1000
41	防火涂料施工事先不对二寸进行清洗	元/次	2000
42	防护涂料原材不符合要求	元/次	扣违约金10000并清除处理
43	防火涂料喷涂厚度不足	元/处	扣违约金5000并返工
七	路面施工		
1	沥青混合料运输及覆盖	元/车	2000
2	水稳层在养生期间未及时用土工布覆盖养生或未保持湿润养生	元/200m路段	10000
3	路面各层未按试验段取得的参数（松铺系数、碾压遍数、机械设备配套组合等）进行施工	元/段	10000
4	路面各层厚度不符合设计要求	元/200m	返工并扣违约金50000以下
5	沥青拌和设备温度控制器及路面摊铺温度探测器未进行标定	元/项	返工并扣违约金50000以下
6	沥青不混合料拌和、运输、摊铺、碾压温度控制不满足规范要求	元/次	返工并扣违约金5000
7	沥青摊铺工作缝未进行垂直接缝，接缝处平整度不符合要求	元/段	2000
8	沥青混合料拌料生产使用的粉尘未回收	元/次	10000

续上表

编号	违约行为	单位	处罚标准
9	沥青层未按监理工程师批准的油石比进行施工	元/次	沥青混合料废弃并扣违约金20000
八	试验检测		
1	承包单位的实验检测设备未按规定进场、标定,或标定有效期已过仍在使用	元/台	1000
2	试验检测频率不足的,未及时建立试验台账或台账混乱	元/次	2000
3	试验、检测数据存在造假	元/次	2000
九	环保施工		
1	住宅、施工现场未设厕所或设厕所但未做化粪池	元/处	1000
2	对下边坡、取土场没有及时进行有效的防护和绿化	元/处	3000
3	生活和施工垃圾(如废水泥袋、废机油、余土、废弃的混凝土、水稳料、沥青混合料等)没有集中填埋而随地乱扔乱倒	元/处	3000
4	在承诺期限内,对完工工程的施工场地或已废弃的驻地,未进行必要的清理或恢复	元/处	10000
5	施工废水(拌合站的生产废水、桥梁钻孔桩的泥浆)未经沉淀直接排放	元/处	10000
6	未采取措施。治雨水冲刷路基,出现泥冲淤农田、阻塞沟渠等现象	元/处	2000
7	施工过程中对周围植被造成大面积破坏或污染	元/处	10000
8	在沥青层上直接堆放砂浆或拌制砂浆	元/处	5000
9	在进行沥青透层、黏层、封层施工时,污染周围环境和构筑物未及时清除	元/处	5000
10	沥青泥土拌合站未经粉尘湿回收或回收粉尘乱倒,造成污染环境	元/处	10000
11	便道或路基运土通道产生扬尘未及时洒水	元/次	2000
十	安全生产		
1	违反国家规定、降低工程质量标准,造成重大安全事故,构成犯罪的		按国务院《建设工程质量管理条例》(国务院2000年279号令)第74条规定处理
2	发生安全隐患和事故隐瞒不报、慌报、有意迟报、故意破坏现场的	元/次	按国务院《建设工程质量管理条例》(国务院2000年279号令)第70条规定处理

续上表

编号	违约行为	单位	处罚标准
3	承包人未编制安全技术方案及应急预案,未层层进行安全技术交底和安全应急预案演练的	元/次	整改到位后扣违约金5000
4	起重机等特种设备未经主管部门进行安全认证而使用的	元/项	10000
5	施工现场无安全监督员或安全监督员脱岗的	元/人·次	2000
6	炸药、雷管等危险品不按规定存放、保管、使用的	元/次	10000
7	施工现场不按规定设立醒目的警示、警戒标志的	元/处	1000
8	未按要求配置消防设施的	元/处	1000
9	施工现场施工人员发生以下情况:1)不戴安全帽;2)高空作业不系安全带;3)水上作业不穿救生衣;4)赤脚或穿拖鞋	元/次·人	1000
10	特种作业人员无证上岗或违反操作规程等	元/次	1000
11	发现安全隐患部位但未进行整改的	元/处	5000
12	违反安全规程,发生质量安全事故的	元/次	20000
13	未封闭施工、未挂安全网、未采取隔离措施的	元/处	2000
十一	财务管理		
1	未按规定编制报送每月资金使用计划	元/月	5000
2	违反资金监管协议,弄虚做假套取建设资金	元/项	50000
3	不配合财务审计、财务检查或财务检查时财务人员不到场	元/项	2000
4	工程建设资金未实行专款专用,挪用资金	元/次	10000

4.10 工程项目党建及文化建设

4.10.1 开展党建工作要求

对于政府投资和国家高速公路建设项目,或承包人为国有控股或参股企业的,承包人应按规定在项目现场设立基层党组织。不满足上述情形的,承包人应创造条件使党员能够参加党组织生活并接受相应管理。

承包人在项目现场设置基层党组织的,应明确党组织机构设置、党组织负责人及党务工作人员配备情况,编制党务工作开展预案,并按照预案要求在项目实施过程中同步开展党务工作,充分发挥基层党组织在项目实施中的作用。

4.10.2 项目文化建设

项目部通过加强文化建设,凝聚参建人员思想意志,把多个企业、多方人员,统一到项目建设目标上,统一到团结拼搏的自觉行动上,激发参建人员保工期、保安全、创优质、增效益的热情,全力打好施工生产攻坚战,为推进项目高质量发展奠定坚实的基础。

1)加强工程项目文化建设的主要举措

(1)坚持以人为本,构建和谐文化。要尊重参建人员主体地位,发挥参建人员主体作用,充分调动参建人员的积极性、主动性和创造性,不断提高参建人员的文化技术素质,以参建人员的全面进步推动项目建设,以项目建设成果惠及广大参建人员,做到在共建中共享,在共享中共建。项目部要积极为参建人员提供良好的办公、生活环境,设立企业精神及形式任务宣传栏,积极营造浓厚的文化氛围。

(2)加强标准化管理,完善制度文化。项目要强化管理制度落地执行,不断提升各级管理人员的管理意识和业务水平,规范全员管理行为,切实加强各项管理制度的落地执行,营造遵守作业标准、作业制度,按管理流程和作业程序办事的工作习惯和"细以为常"的职业习惯。项目部要以"党旗红活动""创岗建区""五好班子""党员先锋工程""劳动竞赛""幸福家园"等活动为载体,结合项目工作实际,将企业文化建设延伸到质量安全、参建人员管理、队伍建设、文明施工、责任成本、环境保护、日常生活等方方面面,构建起项目制度文化体系。

(3)强化安全质量管理,建设行为文化。项目的工程质量维护企业形象有力手段。

项目必须要坚持"安全第一、质量至上"理念,强化全员的精品理念,激发全体参建人员创精品、树信誉的积极性;建立健全项目质量保证体系,完善工程质量管理实施细则,做到事事有人管、事事有人抓,坚持质量问责、赏罚分明;扎实开展"安全生产月""班前安全讲话""安全应急演练""我来讲安全"等安全专题活动,不断提高项目安全质量管理水平。营造"建精品工程,让业主放心;留一方美名,为企业增辉"的行为文化。

(4)树立纪律观念,建设廉洁文化。在某种层面来说,企业文化也是项目领导人及领导班子的价值取向、德才水平、人格魅力、创新精神、行为习惯、工作作风的综合体现。项目部班子成员就必须要当好"领头羊"角色,班子成员必须要身体力行,率先垂范,以廉洁、高效、公正、严谨、坦诚、民主的领导风格,以创新奋进、和谐共赢的价值观,以坚韧不拔、决不放弃的意志,影响班子、影响参建人员,去做廉洁文化的传播使者,同时要将廉洁文化理念贯穿于工程项目管理的全过程,有效预防和遏制项目管理中的不廉洁行为和失职渎职行为,促进项目管理不断加强,营造出风清气正的企业氛围。

(5)打造品牌形象,提升物质文化。项目建做到同部署、同安排、同检查、同落实、同考核,尤其要把形象宣传视为企业文化建设的重要组成部分,当作创品牌工程的重要工序,加大项目宣传力度,做到项目驻地、施工场地布置规范统一,参建人员着装统一,各类标识标牌统一,提升全体参建人员的荣誉感、责任感。

2)落实国家、部委、地方项目管理举措

(1)平安百年品质工程建设,交通运输部办公厅关于印发《"平安百年品质工程"建设研究推进方案》的通知要求,推进交通基础设施高质量发展,提高工程耐久性和使用寿命,建立实践性、操作性强的技术研究机制,引导科研成果落地见效,实现"平安百年品质工程"目标。

(2)全国安全生产专项整治三年行动计划,是国务院安委会于2020年印发的关于在全国部署开展安全生产专项整治三年行动方案。专项整治三年行动从2020年4月启动至2022年12月结束,分为动员部署、排查整治、集中攻坚和巩固提升四个阶段。

(3)创建平安工地,《公路水运工程平安工地建设管理办法》(交安监发〔2018〕43号)文要求,公路水运工程建设项目应当保障安全生产条件,落实安全生产责任,建立项目安全生产管理体系,实现安全管理程序化、现场防护标准化、风险管控科学化、隐患治理常态化、应急救援规范化,并持续改进。

(4)工程项目标准化管理,通过规范化的管理手段优化管理组织和管理方法,以更好地提升工程质量,提高工程效率。

①工程项目标准化管理的原则。

工程项目标准化管理强调系统性,且具有一定的规范性以及广泛适用性,应经有关方面协商后,遵循可操作性、可判别性、目的性、创造性及经济性等原则,并在工程实施前制订。

工程项目标准化管理应基于相关制度及标准,根据项目管理组织结构、配置及调配形式,以项目生命周期为主线,梳理出项目管理标准及流程,建立严密的项目管理体系,以体现最佳的整体效应,使项目管理实现从粗放式向制度化、规范化、标准化的方式转变。

②工程项目标准化管理的内容。

a.管理制度标准化。

应在项目实施前,建立科学合理的计划管理体系,明确团队的目标和方向,进行总体战略部署,并制订合理有效的管理制度及规划,以规避工程风险,提高工程效率,实现管理制度标准化。同时,还应促成项目管理各方面的有机融合,既保障各分项工程的纵向管理,又打通各分项工程的横向交叉。从而对工程项目进行统筹管理、联动管理、分级管理、过程预警管理以及追责管理,以实现项目管理目标可视化、制度规范化及流程链条化。

b.人员配置标准化。

要完成人员配置标准化,科学设置机构和岗位,合理配备人员,以满足管理要求;明确并细化每个人的工作职责、工作内容及工作流程,形成明确的岗位责任体系;建立全员的分类培训机制,通过不断组织学习、培训,提高人员素质,强化专业知识。

c.过程管理标准化。

过程控制标准化主要应完成资源配置精细化、物资管理可控化、财务管控刚性化、数据分析实时化及责任考核动态化。同时应在工程实施过程中建立切实可行的质量管控体系,编制科学合理的质量实施计划,有效掌控施工环境与施工工序,强化安全生产与文明施工管理,加强安全生产检查与考核,从而实现工程的全过程管理,规避工程风险,避免对工程造成不利影响,损害工程利益。

d.现场管理标准化。

现场管理标准化主要包括制订文明工地建设工作标准、劳务用工管理标准、业内资料管理标准、工地实验室建设标准、编制作业指导书、打造样板工程、建立检查制度和现场管理的定期分析制度等。建立和完善项目管理机构,规范现场文化建设,并设有专人负责施工现场标准化管理工作,同时加强科学技术研究及先进技术的推广应用,以提高施工现场管理水平,推进施工现场的科学管理,实现施工现场管理标准化。

③高速公路施工标准化管理。

为推行现代工程管理,促进公路建设"发展理念人本化、项目管理专业化、工程施工标准化、管理手段信息化、日常管理精细化",提升工程质量、安全管理水平,树立行业文明施工形象。交通运输部发布《高速公路施工标准化技术指南》(共5册,分别为工地建设、路基工程、路面工程、桥梁工程、隧道工程)。各地方在此基础上,编制了相关标准化实施要点及指南,全面推动项目标准化管理。

项目实行施工标准化管理,办公地区、生活场区、试验室、拌和站、钢筋加工场、预制场地、施工材料存放场等相关设施建设需符合标准化。

施工的质量、安全、文明、环保等各项工作,从方案设计、施工工艺、质量安全、环保控制需符合标准化。

施工现场清洁整齐,各种材料分仓堆放应达标、有序、标识清晰。需符合标准化要求。

(5)此外,如"安全生产月""全国质量月"等活动,都是推动质量、安全管理的重要举措。

5 验收与缺陷责任期阶段

5.1 工程项目交工验收管理

5.1.1 交工验收内容

交工验收是指整个工程建设后的交工验收,是对工程项目建成后的功能和质量进行全面考核的重要活动,也是工程项目从建设转入交付使用的必经程序。交工验收分为合同段交工验收和工程项目项目验收。

5.1.2 交工验收依据

公路工程竣(交)工验收的依据是:
(1)批准的工程可行性研究报告。
(2)批准的工程初步设计、施工图设计及变更设计文件。
(3)批准的招标文件及合同文本。
(4)行政主管部门的有关批复、批示文件。
(5)交通部颁布的公路工程技术标准、规范、规程及国家有关部门的相关规定。

5.1.3 交工验收条件

公路工程(合同段)进行交工验收应具备以下条件:
(1)合同约定的各项内容已完成。
(2)施工单位按交通运输部制定的《公路工程质量检验评定标准》(JTG F80)及相关规定的要求对工程质量自检合格。
(3)监理工程师对工程质量的评定合格。
(4)质量监督机构按交通运输部规定的公路工程质量鉴定办法对工程质量进行检测(必要时可委托有相应资质的检测机构承担检测任务),并出具检测意见。
(5)竣工文件已按交通运输部规定的内容编制完成。
(6)施工单位、监理单位已完成本合同段的工作总结。

5.1.4 施工、监理对工程质量的评定

(1)分项工程完成后施工单位随时进行评定。

各分项工程完成后进行系统自检,对各分项工程进行评定,汇总各工序的检查记录、测量、抽样试验等资料提出中间交工申请。

(2)监理工程师对工程质量的评定。

监理在工程进行过程中进行抽检，关键检测项目抽检频率为20%，其余项目为10%，并对试验检测数据进行审核和确认，作为签发中间交工证书的依据。

工程基本结束时对监理的合同段按分部工程、单位工程、合同段逐级汇总质量得分和评定质量等级，作为监理单位对合同段的最终质量评定依据。

监理工程师在质量评定时原则上全部使用自行抽检的数据。

5.1.5 交工验收程序

公路工程各合同段符合交工验收条件后，经监理工程师同意，由施工单位向项目法人提出申请，项目法人应及时组织对该合同段进行交工验收。

交工验收申请程序框图见图5-1。

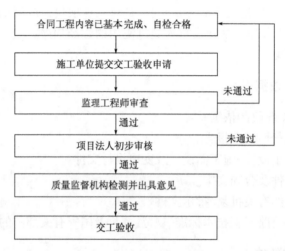

图5-1 交工验收申请程序框图

1）施工单位提交交工申请

（1）完成合同约定的各项内容并自检合格。

（2）向项目法人提交申请并先报监理工程师审查。

（3）交工验收申请应附工程质量自检报告和施工总结报告。

2）交工验收申请的内容和格式

（1）交工验收申请的范围。

（2）自检评定结果。

（3）工程量清单（表5-1～表5-3）。

合同段费用汇总表　　　　　　　　　　　　　　表5-1

施工单位：　　　　　　　　　　　　　　　　　监理单位：

编号	费用名称	合同费用(元)	变更费用(元)	其他费用(元)	实际费用(元)	备注
1						
2						
3						

续上表

编号	费用名称	合同费用(元)	变更费用(元)	其他费用(元)	实际费用(元)	备注
4						
5						
6						
7						
8						
9						
10						
11						
12						
13						
14						
15						
合计						

编制： 复核： 日期

合同段工程量及费用明细表 表 5-2

第 页 共 页

施工单位： 监理单位： 费用单位：元

编号	细目名称	支付号	设计、变更、发文情况							实际完成情况		备注
			批复文号	起讫桩号	单位	工程量	单价	合同金额	变更金额	发文金额	简要说明或计算简式	工程量	金额	
1													
2													
3													
4													
5													
6													
7													
8													
9													
10													

编制： 复核： 日期

合同段单位工程投资一览表 表 5-3

施工单位：　　　　　　　　　　　　　　　　　　　　监理单位：

单位工程名称	投资额(万元)	备　　注
合计		

编制：　　　　　　　　　　　复核：　　　　　　　　　　　日期：

注：单位工程投资额可根据表 5-2 分摊到每个单位工程，对于不能确切归到某一单位工程的项目（如工程量清单第 100 章费用），可在相应已分摊号的单位工程投资额基础上按比例分摊。

（4）遗留处理完成工程计划。

（5）附件：工程质量自检报告、施工总结报告。

3）代建监理对施工单位交工申请审查

（1）代建监理工程师根据掌握情况、抽检资料、监理评定结果对申请及所付资料审查。

（2）审查同意后及时通知施工单位并把审查意见、工程质量评定资料、监理工作报告提交项目法人。

（3）施工单位提交的申请要在 7 日内通知施工单位是否接受，14 日内完成审查。

4）项目法人对交工申请处理

（1）项目法人在收到经代建监理工程师同意的交工申请 7 日内明确答复是否接受。

（2）对符合交工验收条件自收到文件之日起 35 日内组织交工验收工作。

5）监督机构交工检测申请处理

质量监督机构在接到项目法人的检测申请后 28 日内完成检测工作并出具检测意见。

6）监理单位对交工验收申请的审查方法及出具的意见

（1）审查的内容及方法。

①核实完成的工程数量。

②现场检查：工程实体检测、外观检查；需要恢复项目检查。

③对工程质量进行初步评定。

④资料检查。

（2）审查意见。

①对与有关要求存在较大的申请报告，可不予接受，写明审查意见及时退回。

②对符合合同有关规定的交工申请报告,予以接受,并必须书面告知施工单位存在的问题及修改意见。

7)监理书面审查意见

(1)施工单位提交申请的过程,监理工程师的审查结果。

(2)施工单位交工验收的工程范围。

(3)监理工程师的评定结果。

(4)核实的工程数量及费用明细表。

(5)对发现的工程缺陷进行分析,确定如何修复,对剩余工程制订监理计划。

通过审查的及时通知相应施工单位审查结果,并将施工单位申请、监理审查意见、监理对工程质量评定、监理工作总结一并报项目法人。

8)参加交工验收的各方

(1)项目法人:现场管理人员。

(2)设计单位:派驻设计代表(邀请设计负责人或法人参加)。

(3)监理单位:总监、高级驻地、各专业监理工程师。

(4)施工单位:项目经理、总共、质量负责人及其配合人员。

9)验收内容

(1)检查合同执行情况。

(2)检查施工自检报告、施工总结报告及施工资料。

(3)检查监理单位独立抽检资料、监理工作报告及质量评定资料。

(4)检查工程实体,审查有关资料,包括主要产品质量的抽(检)测报告。

(5)核查工程完工数量是否与批准的设计文件相符,是否与工程计量数量一致。

(6)对合同是否全面执行、工程质量是否合格作出结论,按交通主管部门规定的格式签署合同段交工验收证书。

(7)按交通运输部规定的办法对设计单位、监理单位、施工单位的工作进行初步评价。

10)验收相关表格(表5-4~表5-7)

合同执行情况检查表　　　　　　　　　　　　　表5-4

序号	项目	检查内容	检查情况
一	工程进度	合同及实际施工工期; 生产组织情况	
二	履行合同	项目经理、总工程师、专业工程师是否更换; 主要机械是否存在不足或性能不良的问题,是否存在进场不及时或未经许可撤离现场; 试验室是否达到要求; 有无拖欠分包人工程款和劳务人员工资	
三	竣工文件	竣工图与竣工工程是否相符; 施工原始记录、自检资料是否齐全;是否存在后补资料; 资料的真实可信度	
四	安全生产	一般安全事故、重大安全事故发生的次数及死亡人数	

续上表

序号	项目	检 查 内 容	检查情况
五	文明施工	规章制度建设情况； 文明工地建设情况； 是否存在破坏环境和乱占土地	
六	廉政建设	措施是否健全； 是否存在因不廉政被清退或处分的人员,或存在被起诉的人员； 廉政合同执行情况	

设计质量检查表　　　　　　　　　　　　　　　　　　　表 5-5

序号	项目	检 查 内 容	检查情况
一	设计方案	总体方案是否经济合理,是否存在不足之处； 是否存在不符合有关标准、规范之处	
二	设计文件	是否按编制办法编制； 设计差、错、漏之处； 因设计引起质量事故； 设计变更造成工程费用的变化；相对合同价增减比例	
三	设计服务	按合同派驻设计代表情况； 设计变更处理是否及时	

监理工作情况检查表　　　　　　　　　　　　　　　　　表 5-6

序号	项目	检 查 内 容	检查情况
一	人员机构	监理人员持证情况； 监理人员按合同到场情况； 监理人员被清退情况； 检查管理制度是否健全,工作责任是否明确,及在执行中落实情况； 监理配置试验仪器、交通工具、办公设备情况,与合同比较各自的增减数量	
二	质量控制	独立抽检频率及工地巡查、重要工序旁站情况； 资料签认是否规范； 质量控制的内容、方法及重点是否恰当； 质量事故情况； 由于质量返工的情况	
三	进度控制	合同管理的措施是否恰当,落实是否到位； 合同工期,实际工期	
四	投资控制	是否严格按照计量支付程序执行； 根据现场核实的工程数量,检查工程计量是否准确	
五	监理资料	是否齐全	
六	廉政建设	措施是否健全； 是否存在因不廉政被清退或处分的人员或存在被起诉的人员； 廉政合同执行情况	

竣工文件检查表　　　　　　　　　　　　　　　　　　表 5-7

序号	项目与内容	检查情况
一	竣工文件的完整性	
二	项目归档文件材料符合标准性的要求。数据准确,图物相符;签字手续完备;竣工图图面清晰,逐张加盖竣工图章;竣工图章中的内容填写齐全,不得代签	
三	项目档案各级类目分类清楚;组卷规范合理,遵循文件材料形成规律,保持卷内文件材料的系统联系;案卷题名简明准确;卷内文件排列有序,按要求编号;案卷封面、卷内文件目录、备考表填写规范	
四	归档文件应为原件,不得使用复制件代替;归档文件不得使用复写纸、铅笔、圆珠笔、纯蓝墨水等不符合档案安全保管的制成材料	

11) 验收各方职责

项目法人负责组织公路工程各合同段的设计、监理、施工等单位参加交工验收。拟交付使用的工程,应邀请运营、养护管理单位参加。参加验收单位的主要职责是:

(1) 项目法人负责组织各合同段参建单位完成交工验收工作的各项内容,总结合同执行过程中的经验,对工程质量是否合格作出结论。

(2) 设计单位负责检查已完成的工程是否与设计相符,是否满足设计要求。

(3) 代建监理单位负责完成监理资料的汇总、整理,协助项目法人检查施工单位的合同执行情况,核对工程数量,科学公正地对工程质量进行评定。

(4) 施工单位负责提交竣工资料,完成交工验收准备工作。

12) 交工验收质量评定

(1) 项目法人组织监理单位按《公路工程质量检验评定标准》(JTG F40)的要求对各合同段的工程质量进行评定。

(2) 监理单位根据独立抽检资料对工程质量进行评定,当监理按规定完成的独立抽检资料不能满足评定要求时,可以采用经监理确认的施工自检资料。

(3) 项目法人根据对工程质量的检查及平时掌握的情况,对监理单位所做的工程质量评定进行审定。

13) 交工验收备案

公路工程各合同段验收合格后,项目法人应按交通运输部规定的要求及时完成项目交工验收报告,并向交通运输主管部门备案。国家、部属重点公路工程项目中 100km 以上的高速公路、独立特大型桥梁和特长隧道工程向省级人民政府交通运输主管部门备案,其他公路工程按省级人民政府交通运输主管部门的规定向相应的交通运输主管部门备案。

公路工程各合同段验收合格后,质量监督机构应向交通运输主管部门提交项目的检测报告。交通运输主管部门在 15 日内未对备案的项目交工验收报告提出异议,项目法人可开放交通进入试运营期。试运营期不得超过 3 年。

5.2 工程项目缺陷责任期管理

缺陷责任期管理是指为使工程缺陷得到及时和正确的修复,保证通行安全和工程质量标准进行的计划、组织、控制活动。

5.2.1 缺陷责任期工作内容

(1)代建监理应按规定审查施工单位提出的合同段交工验收申请、审核施工单位编制的竣工图,应根据监理工作情况及工程质量评定结果,对是否同意交工验收进行审查并签署意见。

(2)代建监理应按工程验收办法等规定完成合同段工程质量评定、归集整理工程监理资料、编写监理工作报告,并提交建设单位。

(3)代建监理应参加交工验收工作,协助建设单位检查施工合同执行,并接受对监理合同执行情况的检查。

(4)合同段交工验收证书签发后,代建监理应审核施工单位提交的合同段交工结账单,并在规定期限内签认合同段交工结账证书,报建设单住审批。

(5)在缺陷责任期,代建监理应检查施工单位遗留问题整改情况;应检查工程质量,对工程质量缺陷要求施工单位修复,并调查缺陷产生的原因,确认责任和修复费用。

(6)在合同段缺陷责任期结束、收到施工单位向建设单位提交的终止缺陷责任申请后,代建监理应进行审查。对符合合同约定的,总监办应在规定期限内签发合同段缺陷责任终止证书,并向建设单位提交缺陷责任期监理工作总结。

(7)代建监理应参加竣工验收工作,提交监理工作报告和工程监理资料,配合竣工验收检查。

5.2.2 缺陷责任工作流程

缺陷责任期管理流程见图5-2。

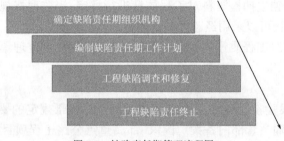

图5-2 缺陷责任期管理流程图

5.2.3 缺陷责任期工作要点

1)确定缺陷期组织机构

进入缺陷责任期后,可根据合同规定及工程实际需要对项目管理机构、施工项目部组织机构等进行调整。调整后的项目管理机构应得到建设单位的批准,调整后的其他组织机构应得的项目管理机构的批准。

2)编制缺陷期工作计划

进入缺陷责任期后,应编制项目缺陷期工作计划和合同段缺陷期的工作计划。项目缺陷期工作计划应得到建设单位的批准,合同段缺陷期工作计划应得到项目管理机构的批准。

3)工程缺陷调查和修复

(1)组织工程缺陷调查。应组织施工单位对合同段工程进行缺陷、病害及其他不合格是处进行调查,并编制调查报告。调查报告主要包括合同段的缺陷项目及位置、缺陷情况的描述、缺陷原因的分析、缺陷责任的划分、缺陷修复方案等内容。调查报告应向建设单位报备。

(2)下滑缺陷整改通知。应根据调查报告的要求,向施工单位下发缺陷整改通知。

(3)审批缺陷修复计划。应审批施工单位报审的缺陷修复计划。重点审查交通疏导方案是否得到批准、缺陷修复方案是否降低了工程质量标准等。

(4)督促缺陷修复实施。应按工程施工阶段的有关规定执行。

(5)督促缺陷修复验收。应按工程施工阶段的有关规定执行。

4)工程缺陷责任终止

(1)审核缺陷责任期终止的申请,在收到施工单位提交的缺陷责任期终止申请报告后,应成立审核组开展审核工作,并提交审核报告,确认是否签发缺陷责任终止证书。

如经检查施工现场仍存在施工缺陷影响缺陷期责任终止,应根据审核报告下发缺陷责任延期和缺陷整改通知。带缺陷工程全部修复完工后,重新提出申请。

(2)签发缺陷责任终止证书。据审核报告的结论,并经建设单位确认。签发合同在缺陷责任终止证书。

5.3 工程项目竣工验收准备

5.3.1 公路工程竣工验收条件

(1)通车试运营2年以上。

(2)交工验收提出的工程质量缺陷等遗留问题已全部处理完毕,并经项目法人验收合格。

(3)工程决算编制完成,竣工决算已经审计,并经交通运输主管部门或其授权单位认定。

(4)竣工文件已完成"公路工程项目文件归档范围"的全部内容。

(5)档案、环保等单项验收合格,土地使用手续已办理。

(6)各参建单位完成工作总结报告。

(7)质量监督机构对工程质量检测鉴定合格,并形成工程质量鉴定报告。

5.3.2 公路工程竣工验收准备工作程序

(1)公路工程符合竣工验收条件后,项目法人应按照公路工程管理权限及时向相关交通运输主管部门提出验收申请,其主要内容包括:

①交工验收报告。

②项目执行报告、设计工作报告、施工总结报告和监理工作报告。

③项目基本建设程序的有关批复文件。

④档案、环保等单项验收意见。

⑤土地使用证或建设用地批复文件。

⑥竣工决算的核备意见、审计报告及认定意见。

(2)相关交通运输主管部门对验收申请进行审查,必要时可组织现场核查。审查同意后报负责竣工验收的交通运输主管部门。

(3)以上文件齐全且符合条件的项目,由负责竣工验收的交通运输主管部门通知所属的质量监督机构开展质量鉴定工作。

(4)质量监督机构按要求完成质量鉴定工作,出具工程质量鉴定报告,并审核交工验收对设计、施工、监理初步评价结果,报送交通运输主管部门。

(5)工程质量鉴定等级为合格及以上的项目,负责竣工验收的交通运输主管部门及时组织竣工验收。

5.3.3 公路工程竣工验收主要工作内容

(1)成立竣工验收委员会。

(2)听取公路工程项目执行报告、设计工作报告、施工总结报告、监理工作报告及接管养护单位项目使用情况报告。

(3)听取公路工程质量监督报告及工程质量鉴定报告。

(4)竣工验收委员会成立专业检查组检查工程实体质量,审阅有关资料,形成书面检查意见。

(5)对项目法人建设管理工作进行综合评价。审定交工验收对设计单位、施工单位、监理单位的初步评价。

(6)对工程质量进行评分,确定工程质量等级,并综合评价建设项目。

(7)形成并通过《公路工程竣工验收鉴定书》。

(8)负责竣工验收的交通运输主管部门印发《公路工程竣工验收鉴定书》。

(9)质量监督机构依据竣工验收结论,对各参建单位签发"公路工程参建单位工作综合评价等级证书"。

5.3.4 公路工程竣工验收参加单位

竣工验收委员会由交通运输主管部门、公路管理机构、质量监督机构、造价管理机构等单位代表组成。国防公路应邀请军队代表参加。大中型项目及技术复杂工程,应邀请有关专家参加。

项目法人、设计、施工、监理、接管养护等单位代表参加竣工验收工作,但不作为竣工验收委员会成员。

5.3.5 公路工程竣工验收工作各方的主要职责

竣工验收委员会负责对工程实体质量及建设情况进行全面检查。对工程质量进行评分,对各参建单位及建设项目进行综合评价,确定工程质量和建设项目等级,形成工程竣工验收鉴定书。

项目法人负责提交项目执行报告及验收工作所需资料,协助竣工验收委员会开展工作。

设计单位负责提交设计工作报告,配合竣工验收检查工作。

施工单位负责提交施工总结报告,提供各种资料,配合竣工验收检查工作。

监理单位负责提交监理工作报告,提供工程监理资料,配合竣工验收检查工作。

接管养护单位负责提交项目使用情况报告,配合竣工验收检查工作。

公路建设项目设计、施工、监理、养护等有多家单位的,项目法人应组织汇总设计工作报告、施工总结报告、监理工作报告、项目使用情况报告。竣工验收时选派代表向竣工验收委员会汇报。

5.3.6 公路工程竣工验收质量评分计算

竣工验收工程质量评分采取加权平均法计算,其中交工验收工程质量得分权值为0.2,

质量监督机构工程质量鉴定得分权值为0.6,竣工验收委员会对工程质量的评分权值为0.2。

对于交工验收和竣工验收合并进行的小型项目,质量监督机构工程质量鉴定得分权值为0.6,监理单位对工程质量评定得分权值为0.1,竣工验收委员会对工程质量的评分权值为0.3。

工程质量评分大于等于90分为优良,小于90分且大于等于75分为合格,小于75分为不合格。

5.3.7 竣工结算报告编制

为增强合规性审计,竣工结算(造价)报告由代建组织施工单位完成编制,代建监理审核形成报告报委托审计单位(或全过程审计单位)出具审核意见。

竣工决算(财务)报告需要业主单位自行编制或单独委托单位编制,另一委托单位审核并出具报告。代建监理单位配合或组织实施。

6 运营移交管理

6.1 档案移交

6.1.1 档案验收依据

项目档案验收依据：《国家重大建设项目文件归档与档案整理规范》(DA/T 28)、《科学技术档案案卷构成的一般要求》(GB/T 11822)、行业主管部门制定的规范性文件及有关电子文件管理的规范和标准。

6.1.2 档案验收条件

(1)项目主体工程和辅助设施已按照设计建成，具备竣工验收条件。
(2)项目试运行指标考核合格或者达到设计能力。
(3)完成了项目建设全过程文件材料的收集与归档工作。
(4)基本完成了项目档案的分类、组卷、编目等整理工作。

6.1.3 档案验收流程及内容

(1)项目档案验收前，代建监理应组织项目设计、施工等方面负责人以及有关人员，根据档案工作的相关要求，依照当地档案主管部门关于建设项目档案验收评分标准进行全面自检。
(2)代建监理应在项目竣工验收前向项目档案验收组织单位报送档案验收申请报告。项目档案验收申请报告的主要内容包括：
①项目建设及项目档案管理概况；
②保证项目档案的完整、准确、系统所采取的控制措施；
③项目文件材料的形成、收集、整理与归档情况，竣工图的编制情况及质量状况；
④存在的问题及解决措施。
(3)项目档案验收组织单位应在收到档案验收申请报告后按当地要求时效内作出答复，项目档案验收以验收组织单位召集验收会议的形式进行。项目档案验收组全体成员参加项目档案验收会议，项目的项目法人、代建监理单位、设计、施工和生产运行管理或使用单位的有关人员列席会议。
(4)项目档案验收合格的，项目档案验收小组应根据验收情况出具《档案验收意见书》。代建监理机构应将项目档案验收意见书作为项目竣工文件收集归档。
(5)代建监理机构根据《档案验收意见书》将项目档案正式移交相对应档案馆。

6.2 工程项目移交

代建监理为确保移交环节的顺利实施,应结合现行法律法规规定及代建监理合同文件要求编制项目移交方案,就移交的内容、程序等进行说明,经代建监理主任审批后实施。

6.2.1 项目移交准备

(1)代建监理机构组建移交组织小组,由各专业代表(道路、排水、桥梁、隧道、园林绿化、交通设施、环卫等)按实体组、档案资料组、核算组等组成,并要求各专业维护运营商组建各自的组织机构,以配合移交工作。代建监理机构将向项目法人提交负责移交的代表名单,项目法人应告知代建监理其负责接收移交的代表名单。

(2)确定移交标准,代建监理将在移交小组成立后,组织各专业专家依据项目设计年限、已使用年限、交通量、各专业技术规范标准(各专业技术规范应保证使用最新版本)分别评定路面技术状况、桥梁技术状况、路灯技术状况等。根据现有评定技术等级,编制移交标准,报项目法人核准。

(3)确定移交内容及移交时间,各单位移交小组将定期会谈,或经双方同意随时会谈,以商定公路工程等相关设施移交的详尽程序及设施修复内容、修复后的验收和将移交的道路、设备、设施、物品和备品备件、文件资料的详细清单等。

代建监理机构将于缺陷责任期结束 18 个月前,组织各专业养护运营商依据项目法人核准的移交标准对各专业项目进行一次全面的检查,并提出修复内容及修复计划的报告。

移交小组应在移交日期 12 个月前会谈并商定移交项目资产清单(包括备品备件的详细清单)和文件资料的详细清单及移交程序。移交小组将在移交之前的第 3 个月开会商谈移交仪式。

6.2.2 项目移交流程

(1)代建监理机构应保证移交的工程项目处于符合移交标准的正常运营状况,满足正常使用,同时满足合同规定的安全和环境标准。工程项目有维修的已按修复方案落实到位。

(2)在移交日期 3 个月之前,由代建监理机构向项目法人提出移交申请,项目法人收到代建监理的移交申请后,与接收人和代建监理机构代表共同对工程项目进行移交预验收。移交预验收相关内容如下:

①各个专业养护运营商组成分专业小组,带领各专业技术以及现场负责人等与项目法人或项目法人委托的接受单位进行现场移交。

②各方按照移交方案清单分别按分片区进行分单体验收,并签字确认。每个片区验收合格后进行汇总。

③各个专业的验收分为子单位工程验收移交、分项移交、分部移交,相关系统运行以现场抽查调试确认。

④代建监理机构对各专业养护运营商预验收中的不合格进行汇总、安排各自整改消缺、验收确认。

(3)移交验收,工程项目消缺合格后,由代建监理机构向项目法人提出正式移交申请,项目法人与代建监理机构将按商谈确认的移交仪式并于移交日期2个月前开始移交,移交程序与预移交程序一致。当工程项目的实体经移交验收合格后,便可办理文件资料移交(资料移交将于移交日期一个月前开始),及工程移交手续,即将项目的所有权移交项目法人。双方在移交日前7d完成本项目移交内容的清点和复核工作,并签署各类清单备忘录。

移交之日,双方将正式办理移交手续,签署移交书,并在项目移交报告上签字,形成项目移交报告。项目移交报告即构成项目移交的结果,也表明项目移交的结束。

参 考 文 献

[1] 中华人民共和国国家标准.建设工程项目管理规范:GB/T 50326—2017[S].北京:中国建筑工业出版社,2017.
[2] 中华人民共和国行业标准 JTG G10—2016 公路工程施工监理规范[S].北京:人民交通出版社股份有限公司,2016.
[3] 中华人民共和国行业标准 JTG F90—2015 公路工程施工安全技术规范[S].北京:人民交通出版社股份有限公司,2015.